校企合作对创新绩效的
影响及作用机制研究

张奔 王晓红 张影 ◎ 著

中国财经出版传媒集团

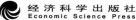

经济科学出版社
Economic Science Press

·北 京·

图书在版编目（CIP）数据

校企合作对创新绩效的影响及作用机制研究/张奔，
王晓红，张影著. -- 北京：经济科学出版社，2024.4
ISBN 978 - 7 - 5218 - 5601 - 9

Ⅰ. ①校…　Ⅱ. ①张…②王…③张…　Ⅲ. ①高等学
校 - 产学合作 - 影响 - 企业绩效 - 研究　Ⅳ. ①G640
②F272. 5

中国国家版本馆 CIP 数据核字（2024）第 039759 号

责任编辑：梁含依　胡成洁
责任校对：易　超
责任印制：范　艳

校企合作对创新绩效的影响及作用机制研究
XIAOQI HEZUO DUI CHUANGXIN JIXIAO DE YINGXIANG JI ZUOYONG JIZHI YANJIU
张　奔　王晓红　张　影　著
经济科学出版社出版、发行　新华书店经销
社址：北京市海淀区阜成路甲 28 号　邮编：100142
经管中心电话：010 - 88191335　发行部电话：010 - 88191522
网址：www. esp. com. cn
电子邮箱：espcxy@ 126. com
天猫网店：经济科学出版社旗舰店
网址：http：//jjkxcbs. tmall. com
北京季蜂印刷有限公司印装
710 × 1000　16 开　12 印张　210000 字
2024 年 4 月第 1 版　2024 年 4 月第 1 次印刷
ISBN 978 - 7 - 5218 - 5601 - 9　定价：54. 00 元
（图书出现印装问题，本社负责调换。电话：010 - 88191545）
（版权所有　侵权必究　打击盗版　举报热线：010 - 88191661
QQ：2242791300　营销中心电话：010 - 88191537
电子邮箱：dbts@ esp. com. cn）

本书为国家自然科学基金项目"校企合作对中国高校科研绩效的影响研究"（项目编号：71874042）和黑龙江省自然科学基金优秀青年项目"黑龙江省基础研究能力及提升策略研究"（项目编号：YQ2022G005）研究成果。

前　　言

在现代社会，高等教育与企业合作不再是两个独立存在的实体，而是彼此紧密联系的合作伙伴，共同为创新与发展提供了广阔的舞台。本书旨在探究校企合作在创新绩效方面的关联和机制，深入揭示其对高校、科研人员以及区域经济的影响，以为推动我国创新体系的构建和优化提供有益参考。

随着全球知识经济时代的到来，高校和企业的合作逐渐从单一的人才培养转向了更加多元化的创新合作。本书通过对校企合作在不同层次、不同视角下的影响进行深入剖析，展示了一个丰富的研究图景。在书中，我们将研究聚焦于一个核心问题：校企合作如何影响创新绩效，这种影响的作用机制是什么。

第一章"绪论"为本书的整体概览，揭示了研究背景、问题提出以及国内外研究现状。第二章"概念界定、理论基础"明确了相关概念，并基于产学研合作、社会资本、组织氛围、资源基础、战略管理等理论构建了本书的分析框架，为后续研究打下了理论基础。

在第三章至第五章中，本书分别从不同的视角和层次深入探讨了校企合作的影响。第三章以高校科研绩效为切入点，分别从组织层次、个体层次以及跨层次的角度，通过实证分析和模型构建，揭示了校企合作对高校科研创新绩效的多样影响机制；第四章聚焦于高校技术创新的专利产出，考察了校企合作对高校技术创新绩效的影响及其作用机制；第五章则将研究视角延伸至区域创新绩效，运用空间计量模型和面板数据探讨了校企合作对区域创新绩效的影响，并探究了地域类型的调节效应。

值得一提的是，本书不仅着眼于影响的揭示，更关注作用机制的解析。通过"一个问题，两个层次，三个视角"的创新思路，本书在不同层次和视角下，全面深入地阐述校企合作对创新绩效的影响，明晰校企合作与高校、科研人员以及区域经济之间错综复杂的关系。

在这个知识交汇、合作创新的时代，本书旨在为高校、企业、政府决策者以及相关研究者提供有益的参考和理论指导，促进校企合作的深化，推动创新绩效的提升，为我国的科技创新和经济发展贡献智慧和力量。

本书由张奔、王晓红和张影三位作者共同完成，共 21 万字。其中，张奔负责统筹全书，并完成 13 万字内容的撰写；王晓红完成 2 万字内容的撰写；张影完成 6 万字内容的撰写。

最后，我由衷感谢所有为本书提供支持和帮助的人，愿我们共同探讨，为创新事业的蓬勃发展贡献一份力量。

张奔

2023.09.15

目　　录

Contents

第一章 绪 论

第一节 研究背景与问题提出

一、研究背景

产学研合作是指企业、高校和研究机构之间进行合作的一种方式，旨在将科技研究成果转化为实际应用并推动产业升级。在国家创新体系的建设中，产学研合作扮演着至关重要的角色，对于促进经济发展、提升国家创新能力以及推动科技进步等方面都有着重要的作用。习近平总书记在党的二十大报告中指出，加强企业主导的产学研深度融合，强化目标导向，提高科技成果转化和产业化水平。强化企业科技创新主体地位，发挥科技型骨干企业引领支撑作用，营造有利于科技型中小微企业成长的良好环境，推动创新链、产业链、资金链、人才链深度融合。

校企合作（University-Industry Collaboration，UIC）是指高校和企业之间建立的一种紧密的合作关系——产学研合作的一种特殊形式，在推动国家和地区科技进步和社会发展方面发挥着重要的作用。对企业来说，与高校合作是获得外部资源（人才、新知识和新技术）的一种重要途径；对高校来说，校企合作对高校发挥培养人才、科学研究和社会服务这三大职能都有一定影响。同时，对高校的科研人员来说，校企合作能够扩展学术研究方向和科研经费渠道，并能改善其研究思路。因此，不论是企业还是高校都对校企合作有着切实的需求。

近年来，随着经济全球化的深入发展和科技创新的不断推进，各国对创新和产业升级的重视程度越来越高。作为国家创新体系的重要组成部分，高等教育和科研机构发挥着越来越重要的作用。与此同时，企业作为科技创新和产业发展的主要力量，也面临着越来越大的压力和挑战。在这样的背景下，校企合作逐渐成为推动创新和产业发展的重要方式，得到了越来越广泛的应用和认可。

无论国内还是国外，校企合作已经得到了广泛的应用和推广。例如，美国的斯坦福大学和硅谷的科技企业之间建立了紧密的合作关系，共同推动了科技创新和产业发展；德国的西门子公司和慕尼黑工业大学之间的合作也为科技创新和产业发展提供了强有力的支持。在中国，近年来高校与企业之间在合作广度和深度方面都稳步提升，2011～2020年，全国高校科研经费中企事业单位委托经费从2011年的318.88亿元增长到2020年的647.50亿元①，年复合增长率8.19%，这从一个侧面反映出近年来校企合作的增长。

随着国家创新体系建设的不断深入，校企合作也逐渐成为重要的创新方式和推动力量。例如，清华大学与华为、阿里巴巴等企业建立了紧密的合作关系，共同推动了科技创新和产业升级；哈尔滨工业大学、哈尔滨理工大学与黑龙江省省内多家企业之间的合作也为当地的产业发展和经济增长提供了强有力的支持。

随着校企合作的增多，学术界对校企合作的研究也逐渐升温。在校企合作对创新绩效影响的研究方面，一部分学者从高校视角出发，研究校企合作对高校创新绩效的影响；另一部分学者从企业的视角进行研究，发现校企合作能够提升企业以产品创新（production innovation）或专利作为衡量手段的创新绩效；还有学者从区域视角出发，研究校企合作的影响因素和作用。

二、问题提出

近年来，随着全球经济的竞争加剧，创新成为促进经济发展和提高国际竞争力的重要途径。在这个背景下，高校和企业之间的校企合作日益受到关

---

① 数据来源：教育部科学技术与信息化司发布的《高等学校科技统计资料汇编》（2012～2021）。

注和重视。校企合作作为一种协同创新的方式，可以整合高校和企业的资源优势，促进创新资源的共享和创新成果的转化，为企业和地区的发展提供动力和支持。

校企合作已经成为国内外高校和企业合作的主要模式之一，得到了政府和社会各界的广泛关注和支持。然而，校企合作也面临着一系列问题和挑战。在现实中，由于存在双方利益不均衡、合作机制不完善、管理不规范等问题，校企合作的效果并不尽如人意，对于创新绩效的影响也存在一定的不确定性。

在已有关于校企合作对创新绩效影响的研究中，基本都是由国外学者以发达国家的大学作为研究对象，鲜有学者以中国的组织及地区为研究对象对这一问题进行研究。同时，校企合作对创新绩效的影响具体也应按照宏观、中观和微观三个视角，从校企合作对宏观地区创新绩效的影响、对中观高校和企业等组织创新绩效的影响、对高校和企业的人员创新绩效的影响三个方面展开研究，但目前大部分文献资料都是从某一个层次进行研究，并且大部分都是从宏观或中观层次进行探究。

因此，在探讨校企合作对创新绩效的影响之前，我们需要回答一些关键问题。

（1）校企合作对高校创新绩效的影响是什么？

校企合作作为一种创新合作模式，可以为高校提供更多的创新资源和实践机会，促进高校的科技成果转化和实践教学的优化。然而，校企合作也会带来新的挑战，例如如何平衡高校科研和教学任务、如何保证高校学术自由和独立性等问题，这些问题将对校企合作的实施和高校创新绩效的提升产生重要影响。

（2）校企合作对地区创新绩效的影响是什么？

地区是校企合作的具体实践场所，校企合作对地区创新绩效的影响也备受关注。通过校企合作，可以促进地区的创新资源整合和创新成果转化，推动地区创新能力的提升和经济社会的发展。然而，地区也面临着如何建立校企合作的良好机制和平台、如何引导和支持校企合作的发展、如何评估和监督校企合作效果等问题，这些问题将对地区创新绩效的提升和校企合作的实施产生重要影响。

（3）校企合作对创新绩效产生影响的具体作用机制是什么？

校企合作对高校和区域创新绩效的影响分析是研究的第一步，而更为关键的是深入挖掘校企合作对创新绩效产生影响的具体作用机制。只有全面系统地揭示这些机制和机理，才能提出更有效的改进措施和政策建议。

综上所述，校企合作对创新绩效的影响涉及高校、企业和地区三个层面，涉及众多的问题和挑战。解决这些问题和挑战，提高校企合作的效率和质量，发挥校企合作对创新绩效的积极作用，是当前需要研究和探讨的重要问题。本书旨在通过对校企合作对创新绩效的影响进行深入研究和分析，为推动校企合作的可持续发展和促进经济社会的创新发展提供理论和指导实践支持。

第二节　国内外研究现状

基于本书的研究内容，本书对校企合作的内涵特征研究、校企合作和创新绩效关系的国内外研究现状进行总结。其中，校企合作的内涵特征从校企合作的动机、校企合作的模式和校企合作的影响因素三个方面进行总结；校企合作和创新绩效关系从校企合作对高校科研创新绩效的影响、校企合作对高校技术创新绩效的影响、校企合作对区域创新绩效的影响三个方面进行总结。

一、校企合作的内涵特征研究

早在 19 世纪，校企合作的思想就已经在国外产生。高校为企业服务的职能首次在 1862 年的《莫里尔赠地法》中被提出，从此扩大了高校的服务范围，被看作是校企合作的早期思想萌芽；20 世纪 50 年代，弗雷德·特曼（Frederick Terman）提议让大学和企业建立合作伙伴关系，该提议加速了"斯坦福工业园区"的成立，是近现代校企合作形成的标志，随后"斯坦福工业园区"模式被各国频频效仿，校企合作逐渐被重视，随着各国政府在政策上的支持，校企合作受到国外学者的广泛关注，并且对校企合作的研究也急剧增加，主要聚焦在合作动力和合作影响因素两个方面。

美国、德国、英国和日本等发达国家从 20 世纪 70 年代开始，从国家政府层面对大学与企业的合作进行了探索，出台了相关政策推进校企合作的顺利进行。伴随着政府对校企合作的推进，校企合作引起了国外学术界的关注，越来越多的学者对校企合作现象进行了理论和实证研究。

我国政府对校企合作探索的标志是 1992 年发起的"产学研联合开发工程"。随着国家政府对产业、高校和科研机构合作的推动，我国学术界也掀起了一股对"产学研"的研究热潮，而且一直持续至今。利用共词分析法，樊霞等（2013）分析了我国产学研的研究热点以及演变趋势。研究发现，我国的产学研研究正处于不断发展阶段，并且研究主体主要集中在具有良好产学研实践基础的理工类大学和综合类大学。

校企合作是产学研合作的一种特殊形式，已经成为企业获取外部资源的重要途径；同时，校企合作对高校发挥人才培养、科学研究和社会服务这三大职能都有一定影响。A. L. 舍伍德（A. L. Sherwood，2004）认为高校与企业在资源上具有互补性，两者合作会形成双赢的局面。

因为高校在知识储备、高新技术开发、技术人力资源和实验设备方面有优势，而企业除了拥有比较充裕的资金，还有丰富的产品生产和市场商业化经验。M. 佩克曼和 K. 沃尔什（M. Perkmann and K. Walsh，2007）从开放式创新（open innovation）的角度研究校企合作关系，他们认为通过形成跨组织网络关系，组织越来越依赖外部的创新资源。目前，关于校企合作的研究主要集中于校企合作的动机、校企合作的模式和校企合作的影响因素 3 个方面。

（一）校企合作的动机

有哪些因素驱使高校和企业参与校企合作一直是校企合作研究的热点之一。高校和企业是组织层次校企合作的两个主体，所以本书分别从高校参与校企合作的动机与企业参与校企合作的动机两个方面梳理相关文献。

1. 高校参与校企合作的动机

对于高校来说，参与校企合作的动机主要是通过合作研发或技术转移的方式获取科研经费、实验设备、不公开的数据、企业具有的市场及产品方面的知识、新的科研思路、在实践中检验高校的科研成果的应用性，以及提升高校的社会知名度等。

对高校内部的科研人员来说，与企业合作的好处除了以上方面，还能够增加其个人收入，并能提升科研人员个人的社会资本和社会知名度。例如，基于两份独立但相似的调查问卷的相关数据，S. 李（S. Lee，2000）研究发现对高校科研人员来说，与企业合作可以获得两方面的好处，其一是可以为研究生和购买实验设备提供资金，其二是通过与企业合作，可以在实践中检验科研成果的应用性，并可能获得新的研究思路，有利于科研人员的学术研究。

汤易兵（2005）认为寻求除政府机构之外的其他经费来源，是高校参与校企合作的主要动机。欧文·史密斯和 W. 鲍威尔（Owen Smith and W. Powell，2001）通过定性研究发现学者参与校企合作主要是被科研经费因素所吸引。他们发现在生命科学领域，由于专利能带来更高的资金价值，所以科研人员会申请更多的专利来增加其收入。但是在物理科学领域，由于申请专利并不能带来很高的资金价值，所以科研人员申请专利就相对较少，而对物理领域的学者来说，他们会寻求与企业合作来获得资金或实验设备。F. 麦耶克拉默和 U. 什莫克（F. Meyer-Krahmer and U. Schmoch，1998）认为从乐观的角度来看，大学与企业的紧密合作对大学传统的教学和科研是一种补充。因为在与企业的合作过程中，大学能获得一些外部资源，比如科研经费、实验设备、研究新思路和不公开的数据等。

V. 阿扎尔（V. Arza，2012）将高校科研人员参与校企合作的动机总结为两个方面：经济战略动机和科研战略动机。一方面，高校为了基础设施建设以及内部人员正常开支，需要多元化的资金来源，从科研人员个人角度来讲，他们也想通过与企业合作获得更多的个人收入。这些都是高校参与校企合作的经济战略动机。另一方面，高校（包括科研人员）参与校企合作能够为科学探索提供新的途径，紧跟技术发展步伐，解决科学技术难题，从而有利于提升高校科研和教学的质量。这些都是高校参与校企合作的科研战略动机。

A. 林（A. Lam，2010）将高校科研人员参与校企合作的动机总结为三个：资金（funds）、荣誉（ribbon）和疑问（puzzle）。基于 36 次个人访谈和一份英国 5 所研究型大学 735 位科研人员的调查问卷，研究发现大多数科研人员参与校企合作的主要动机是追求科学上的荣誉，只有一小部分人认为资金是最重要的。除了资金和荣誉，A. 林还发现（2010）解密（puzzle-sol-

ving）是科研人员参与校企合作的内在动机。通过解密活动，某些科研人员
能够获得快乐以及满足感。基于英国 1528 位物理学和工程学科研人员的调查
问卷，P. D. 伊斯特和 M. 佩克曼（P. D. Este and M. Perkmann，2011）研究发
现大多数科研人员参与校企合作的动机并不是纯商业化的，而是为了寻求科
研上的提高。由于校企合作有不同模式，合作申请专利（patenting）和衍生
公司（spin-off company）的合作模式主要是由商业化利益驱动的，但是联合
研发（joint research）、研究外包（research contracts）和咨询服务（consult-
ing）主要是由科研相关的动机驱动的。

　　J. S. 迪茨和 B. 波兹曼（J. S. Dietz and B. Bozeman，2005）认为提升高校
的社会影响及科研人员个人的声誉是高校和学者积极参与校企合作的内部动
机之一。以葡萄牙一所大学为例，M. 弗兰克和 H. 哈斯（M. Franco and
H. Haase，2015）研究发现高校和科研人员参与校企合作的主要动机有提升
其声誉和市场影响力、在实践中检验高校科研成果的应用性、发表论文、了
解前沿的技术和知识。本书将上述高校参与校企合作的动机及相关文献总结
为 6 个方面，如表 1 - 1 所示。

表 1 - 1　　　　　　　　　高校参与校企合作的动机及相关文献

高校参与校企合作的动机	相关文献
获得科研经费和实验设备	F. 麦耶克拉默和 U. 什莫克（1998），S. 李（2000），欧文·史密斯和 W. 鲍威尔（2001），V. 阿扎尔（2010），A. 林（2010），汤易兵（2005）
获得企业拥有的市场及产品方面的知识及不公开的数据	F. 麦耶克拉默和 U. 什莫克（1998），V. 阿扎尔（2010）
获得新的科研思路从而提升论文等科研产出	F. 麦耶克拉默和 U. 什莫克（1998），S. 李（2000），V. 阿扎尔（2010），P. D. 伊斯特和 M. 佩克曼（2010）
获得科学知识的实践机会，解决企业的实际问题	S. 李（2000），V. 阿扎尔（2010），A. 林（2010）
提升高校和内部科研人员的社会影响力和知名度	J. S. 迪茨和 B. 波兹曼（2005），M. 弗兰克和 H. 哈斯（2015）
增加高校科研人员的个人收入	欧文·史密斯和 W. 鲍威尔（2001），V. 阿扎尔（2010）

2. 企业参与校企合作的动机

为了应对日益严峻的市场竞争环境，并在竞争中保持技术优势，许多企业选择与高校进行合作，从而使企业获得外部的技术资源，并改善企业的产品及服务。企业通过与高校的密切合作，更容易突破技术瓶颈，并站在科学技术发展的最前沿，所以与高校合作通常是企业创新策略的重要一环。

对企业来说，与高校合作的好处还包括减少企业的研发经费和获得高校的实验设备、人才等外部资源。比如，R. M. 赛尔特和 P. S. 古德曼（R. M. Cyert and P. S. Goodman，1997）从组织学习的角度探讨了校企合作关系，他们认为校企合作的外部环境驱动因素包括国际竞争加剧、企业对产品和过程创新的追求以及政府研发资源的短缺，企业参与校企合作是因为其想要获得新的科学知识、新的工具、新的方法、新的产品等。V. 阿扎尔（2012）将企业参与校企合作的动机总结为主动策略和被动策略。主动策略是指企业主动寻求与企业合作，通过与高校的交互合作提升其技术水平，突破技术瓶颈；被动策略是指企业通过校企交互合作解决实际的、相对简单的、短期的产品问题，而不是考虑长期提升其技术水平。M. 佩克曼等（2011）认为，企业参与校企合作的动机主要包括以下 4 个方面：获得政府研发资金和高校拥有的基础科学知识、提高自身解决问题的能力、加入特定技术或科学领域的网络、增强企业的社会声誉。

田潇等（2013）基于汽车企业的相关问卷调查数据，利用因子分析法对校企合作的动机进行了实证研究，研究发现在校企合作中，有合理的利益分配机制、为适应企业外部的技术发展速度、为吸引创新人才、利用高校资源研发新技术新产品这四个因素为企业与高校合作创新的强势动力因素。郭斌（2007）将企业参与校企合作的动机概括为 6 个方面：增加企业的社会知名度、通过校企双方资源的优势互补与共享来降低研发成本与风险、获得高校的前沿性技术和知识从而在市场中获得技术优势、获得高校的科技型人才、提高企业对技术的预见能力和内部解决技术问题的能力、通过合作弥补企业自身短缺的资源。

秦玮和徐飞（2011）将企业参与校企合作的动机划分为内在动机和外在动机两个方面。内在动机是指企业对高校所拥有资源和地位的一种心理感知和主观评估，这种主观评估是基于企业对大学的知识基础、科技创新能力和外部制度环境的认知；而企业加入产学联盟的外在动机是一种获得利益性动机，即企业追逐的是经济利益。基于浙江省产学研相结合调研所得的第一手资料，吕海萍等（2004）研究发现企业参与校企合作的主要因素为发展需要（占 93.1%）、科技单位的科技成果转化（占 28.5%）、人才培养（占 28.5%）、提高知名度（占 7.7%）。

（二）校企合作的模式

校企合作的模式指知识、技术、资金等资源在高校与企业之间转移的路径，通常包含研究外包（research contracts）、建立研发合作组织（research joint ventures）、大学衍生公司（university spinoffs）、大学提供咨询服务（consulting）、大学对企业许可授权服务（licensing）、校企合作发表学术论文（publications）、校企合作申请专利（patents）等。例如，基于针对企业研发部门高管的调查问卷的相关数据，W. M. 科恩等（W. M. Cohen et al., 2002）从企业创新的角度将校企合作模式分为校企合作申请专利、非正式的信息交流、校企合作发表论文和报告、校企合作召开会议、企业雇用大学毕业生、许可授权服务、建立研发合作组织、研究外包、大学提供咨询服务和校企之间人才的流动。D. 沙尔廷格等（D. Schartinger et al., 2002）则依据知识交互（knowledge interaction）将校企合作模式分为 16 种类型，并进一步将 16 种类型整理为 4 个类别：合作研发（包含合作发表论文）、研究外包（包含咨询）、人才流动（校企在员工、教师和学生的流动）和合作培训（包括在教育中合作、大学为企业培训员工或企业员工在大学中授课）。M. 佩克曼和K. 沃尔什（2007）将校企合作模式归纳为 7 种，如表 1 – 2 所示。

表 1 – 2   校企合作模式及说明

校企合作模式	说明
研发合作	高校与企业为了合作研发而形成的跨组织安排
研发服务	企业客户委托大学进行研发，包括研究外包和咨询服务
学术创业	学术型发明人通过他们自己的公司将技术进行开发和商业化
人力资源转移	多情景的学习机制，例如企业员工培训、研究生在企业实习、到企业的实习生和借调生、兼职教师

校企合作模式	说明
非正式交互	参加会议时社会关系和网络的形成
产权商业化	将大学产生的知识产权通过授权等方式转移到企业
合作发表科学论文	大学与企业合作将科学知识以学术论文的形式发表

除了上述这种将校企合作模式细分并列出具体功能的分类方法，也有一些学者用更一般的分类标准对校企合作模式进行分类，比如分为正式模式和非正式模式、市场主导型模式和非市场主导型模式等。例如，A. N. 灵克等（A. N. Link et al.，2006）将许可经营、研发合作组织和大学创业园区定义为校企合作正式模式，而将商业技术转移、合作发表论文、企业咨询定义为非正式模式。D. C. 莫韦里等（D. C. Mowery et al.，2013）将校企合作模式分为市场导向模式和非市场导向模式，比如许可授权（licensing）就属于市场导向模式，而合作申请专利属于非市场导向模式。

我国学者吕璞和林莉（2012）在开放式自主创新背景下分析了校企合作模式，将合作模式分为知识交易模式、委托开发模式和共同投资合作研发模式3种。刘家磊（2012）以日本为例，从国家层面研究了校企合作的模式，将世界上主要国家的校企合作模式分为三种：一是以美国为代表的市场机制主导下的高新技术推进型的校企合作模式；二是以德国为代表的社会市场经济机制主导下的技术推进型的校企合作模式；三是以日本为代表的政府主导下的市场驱动型的校企合作模式。

徐雨森和蒋杰（2010）以大连理工大学校企合作演变历程为例，基于知识创造和转移，将校企合作分为项目式合作模式、企业在大学设立技术分中心模式和校企合作研究院模式。刘凤朝等（2013）从国家属性和组织类型两个维度对校企合作模式进行了划分，将校企合作模式分为本国高校－本国企业（DU-DC）合作、本国高校－外国企业（DU-FC）合作、外国高校－本国企业（FU-DC）合作和外国高校－外国企业（FU-FC）合作。秦旭等（2003）将高校与企业的合作模式分为三种：高校主导模式、企业主导模式和利润分成模式。

（三） 校企合作的影响因素

国内外众多学者探讨了哪些因素能够影响高校与企业的合作。其中，国外学术界对校企合作影响因素的研究起步较早。如 V. R. 里奥斯（V. R. Rios，2016）认为信任（trust）、承诺（commitment）和整合（integration）是校企合作成功的重要因素。S. 努姆普拉瑟特猜和 B. 伊戈尔（S. Numprasertchai and B. Igel，2005）通过对两个典型案例的研究，得到如下结论：第一，与纯粹的内部开发相比，校企合作提供了更广泛和更深入的科研知识；第二，信任、承诺和互利是决定校企合作成功的主要因素；第三，如果校企合作的双方距离较远，那么基于 IT 的通信渠道是必备的工具。

L. 巴斯提勒（L. Bstieler，2017）利用主客体互倚模型（Actor-Partner Interdependence Model，APIM），基于 98 个校企合作项目的相关数据，研究发现互惠通信（reciprocal communication）和相似的决策过程（similar decision processes）对校企合作双方信任的形成有重要促进作用。C. 普莱瓦（C. PLEWA，2013）通过在多个国家进行的 30 次深入访谈，发现沟通（communication）、理解（understanding）、信任（trust）和校企合作参与者（people）是校企合作成功的关键因素。随后，C. 普莱瓦等（2013）对上述 4 个因素在校企合作三个阶段中所产生的影响进行深入探讨。发现在所有阶段中，沟通是校企合作成功的一个一致性预测指标，并且沟通也推进了其他因素的发展。然而，信任和理解对校企合作成果的促进却只存在于某些阶段中。

A. 约翰逊和 R. 哈金斯（A. Johnston and R. Huggins，2015）利用 568 家知识密集型商业服务（Knowledge Intensive Business Service，KIBS）公司 2001～2008 年的相关数据，发现校企合作关系的形成受到地理接近（geographic proximity）和组织接近（organizational proximity）的影响。其中，地理接近对校企合作关系的影响是倒"U"型的，而组织接近则是正向影响。基于对 197 个意大利大学部门的访谈数据，A. 穆斯克（A. Muscio，2013）研究发现地理位置、研究成果和科研人员流动性对校企合作的频率有影响。T. 巴恩斯（T. Barnes，2002）通过六个校企合作项目的交叉案例分析，发现项目管理、公平性、文化差异和合作伙伴是影响校企合作的主要因素，并认为最重要的因素是项目管理。

虽然起步较晚，国内许多学者也对校企合作的影响因素进行了理论及实证探讨。李正卫、王迪钊和李孝缪（2012）以浙江省为研究对象，通过对高校、企业和高校科研人员进行问卷调查，分析浙江省校企合作现状与影响因素。研究发现，沟通渠道不畅、文化差异较大、合作能力不强以及政策支持不足是影响校企合作的重要因素。王艳丽和薛耀文（2010）在对校企合作形式、路径及动力因素分析的基础上，利用调查问卷的方法获得一手数据并进行实证分析，发现影响校企合作效果的显著性因素包括增加转化技术的人才设备和资金（正向）、合作积极性（正向）、科研形式（负向）、项目的选择（正向）和高校的科研能力（正向）。

王晓红和胡士磊（2017）采用随机前沿分析法（SFA）测算了 2009 ~ 2015 年中国 24 个省区高校产学合作效率，深入考察高校产学合作效率的区域差异，并实证分析地方政府支持、市场中介组织发育及知识产权保护三个外部环境因素对高校产学合作效率的影响。结果表明，区域知识产权保护水平对于高校产学合作效率的提升有显著正向影响，而地方政府支持力度、区域市场中介组织发育水平对当前高校产学合作效率的提升作用不大。于惊涛和武春友（2004）在分析了美国校企合作形式与成功案例的基础上，将校企合作的成功因素总结为三个方面：第一，态度因素、文化背景因素；第二，系统方面的因素；第三，管理方面的因素。胡振华等（2012）分析了校企合作存在的方向型障碍和交易型障碍，并以此为基础探讨了校企合作经验、互动广度和组织间信任对缓解校企合作中方向型障碍和交易型障碍的影响。汪锦、孙玉涛和刘凤朝（2013）利用我国"985"高校的相关数据，研究发现决定校企合作强度的关键变量为高校科研活动投入。

本书将上述研究文献中重复出现的有关校企合作的主要影响因素以及相关文献整合成表 1-3。

表 1-3   **校企合作的影响因素及相关文献**

影响因素	相关文献
信任	S. 努姆普拉瑟特猜和 B. 伊戈尔（2005），胡振华等（2012），普莱瓦（2013），普莱瓦（2013），里奥斯等（2016）
承诺	S. 努姆普拉瑟特猜和 B. 伊戈尔（2005），普莱瓦（2013），普莱瓦（2013），里奥斯等（2016）

续表

影响因素	相关文献
沟通	李正卫等（2012），普莱瓦（2013）
理解	普莱瓦（2013）
参与者	巴恩斯等（2002），普莱瓦等（2013）
地理接近	R. 庞德斯（2007），穆斯克（2013），约翰逊和哈金斯（2015）
合作经验	胡振华等（2012），约翰逊和哈金斯（2015）
文化差异	巴恩斯等（2002），于惊涛等（2004），李正卫等（2012）

二、校企合作和创新绩效的关系

（一）校企合作对高校科研创新绩效的影响

科研创新绩效即科学研究活动的创新绩效，它反映了科学研究活动的成绩和效率。竞争无处不在，对高校等科研机构来说，较高的科研创新绩效有助于其在高校的竞争中处于更有利的位置，从而能够获得更多的科研经费并获得更高的声誉；对科研人员来说，科研创新绩效是其学术生涯职称晋升的关键因素。对科研机构或科研人员科研创新绩效的评估有助于优化科研经费配置、调整科研计划和科研方向、提高组织或个人的科研投资效率、确定科技奖励，所以对科研创新绩效的研究在科研管理领域一直备受关注。目前，国内外学者对科研绩效的研究主要集中在科研创新绩效评价和影响因素两个方面。

1. 科研创新绩效评价

评价是主体根据一定的标准对客体的价值进行评测和判断的过程，它能够为管理决策提供有力的支撑。评价包含评价主体、评价客体、评价目标、评价方法和评价指标等基本要素。科研创新绩效的评价是指运用科学的方法，在一定科研目标的基础上，选取指标对一定时期内的科研投入和科研产出进行综合评价。其有利于对科研活动进行导向、激励、监管和调控，从而实现科研投入产出的优化，提高科研的质量、效益与效率。

根据不同的视角以及划分依据，可以将科研创新绩效评价分为多种不同的类型。比如按照评价规模，可分为宏观科研创新绩效评价（对国家、地区或行业的科研活动进行评价）、中观科研创新绩效评价（对组织、团队的科研活动进行评价）和微观创新科研绩效评价（对单独的科研项目、人员进行评价）；按照评价与科研活动的先后顺序，可分为事前评价（在科研活动前对其可行性和必要性进行评价）、事中评价（在科研活动过程中对其实时评价或阶段性评价）和事后评价（在科研活动完成后对科研目标实现情况及科研成果进行评价）；按照评价对象，可分为科研机构评价、科研团队评价、科研项目评价和科研人员评价。

在科研创新绩效的评价方法上，大体上可以分为定性评价法和定量评价法。

（1）定性评价法。科研创新绩效的定性评价法主要是指同行评议法，是各国公认的一种比较成熟的评价方法，也是最常用的科研绩效评价方法之一。同行评议法（Peer Review）是一种主观评价方法，产生于15世纪初，用来对专利进行审查。英国皇家学会于1665年创办了世界上首份（仍然在版）应用同行评议法的科学期刊《哲学学报》（*Philosophical Transactions*）。随后，这一方法逐渐被美国、英国等广泛用于科学研究领域的绩效评价。

目前，同行评议法在学术界并没有一个被普遍认同的明确定义，综合国内外相关研究，同行评议法可以定义为：相关领域的专家基于其专业知识和一定的评议准则，通过阅读定量数据报告、实地考察、集体讨论等方式，对评价对象的科学价值进行评价的一种定性评价方法。

L. 博恩曼和H. D. 丹尼尔（L. Bornmann and H. D. Daniel，2005）认为在科学研究领域，同行评议法是评价科技论文等科研成果、科研奖励和科研基金项目的最佳评价方法，并利用收集到的数据研究了同行评议法的可靠性和公平性。马强和陈建新探讨了同行评议法在科学基金项目管理绩效评估中应用的可能性以及可能存在的局限性，并介绍了德尔菲法（Delphi Method）、层次分析法（Analytic Hierarchy Process，AHP）、集结方法和平均序法在同行评议法中的应用。万昊等利用元分析法，对比了同行评议法和以计量为基础的评价结果的一致性，认为以传统的同行评议为基础的决策判断始终是科研评价的首要度量工具，其地位无法被定量评价方法取代。张国宏和周霞认为在一个国家的科技生态系统中，财政科技投入是有限的生态资源，因此可以运用进化论的观点改进同行评议法，从而更好地评价科研绩效。

虽然同行评议法在科研绩效评价方面获得了广泛的应用，但是由于这一方法是基于同行评议专家的主观判断，而且在同行评价专家的选择、评估过程的独立性方面很容易出问题，因此也受到了很多的争议。如加西亚·阿拉西尔等（García-Aracil et al.，2007）利用同行评议法对西班牙巴罗比亚科技体系 227 家科研机构进行绩效评价，其评价指标包含定性指标和 SCI/SSCI 论文数等定量指标，研究结果显示同行评议法不能达到预期的客观性。

（2）定量评价法。科研绩效的定量评价法主要包含文献计量法和多指标综合评价法，接下来将分别介绍这两种方法及研究现状。

第一，文献计量法。文献计量法是通过出版物、专利、引文等文献计量学相关指标对科研机构或科研人员的科研绩效进行量化评价的一种方法。与同行评议法等主观性比较大的定性评价方法相比，文献计量方法所选用的指标更具客观性，而且计算简单。应用文献计量方法对科研机构或个人的科研绩效进行评价时，许多学者采用论文数、期刊影响因子、论文被引频次、平均被引次数、高水平论文数、专利数等传统文献计量指标。

赵静（2017）利用 ISI 的 Web of Science 数据库，选取期刊引证报告（Journal Citation Reports）所推荐的数学学科 96 种刊物发表的文章作为研究对象，以文章数量、期刊影响因子和高水平论文数为计量指标，研究了我国数学学科 1932～2014 年的学科发展情况。王元地等（Wang Yuandi，2015）利用 61 所我国高校 2009～2013 年的相关数据，研究校企合作宽度与深度对高校科研绩效的影响时，利用高校每年发表论文总数衡量其科研绩效。F. 伦托基尼等（F. Rentocchini et al.，2014）在研究大学科研人员的学术咨询对其科研绩效的影响时，也利用科研人员发表在 ISI 的论文总数衡量其科研绩效。刘雅娟和王岩（2000）深入探讨了论文、引文和期刊影响因子这三种文献计量学评价指标在评价我国基础科研上的应用。尤金·加菲尔德（Eugene Garfiled）认为科技文献的被引频次可以作为组织或个人对科学贡献水平的衡量指标，但其同时也指出被引频次作为评价指标具有一定局限性。

鉴于论文数量、论文被引频次等作为单一指标评价科研机构或个人的科研绩效时存在一定局限，有学者提出了一些兼顾论文数量、论文质量或学科特点的新型指标，比如 h 指数（h-index）、百分位数指标等。

h 指数是物理学家豪尔赫·E. 赫希（Jorge E. Hirsch）于 2005 年提出的

一种文献计量学指标，用来衡量科研人员的科研成就，h 指数的定义为：一名科学家发表的 Np 篇论文中有 h 篇每篇至少被引 h 次，而其余（Np-h）篇论文每篇被引均小于或等于 h 次。从定义上可以看到，h 指数综合考虑了论文数量和质量（被引频次），国内外许多学者利用 h 指数这一指标评价科研人员的科研绩效。例如，夏尔马等（Sharma et al.，2013）利用双向方差分析法对比了 h 指数与论文数和论文被引频次这两项传统文献计量指标。结果显示，h 指数与科研人员职称的紧密性为 33.3%，显著高于论文数（12.5%）和论文被引频次（10.2%），说明利用 h 指数对科研人员科研绩效进行评价具有更高的可靠性和有效性。C. 奥本海姆（C. Oppenheim，2007）利用 h 指数评价了英国信息科学领域的科研人员，其研究结果表明 h 指数是一种有效的文献计量学指标。王炼（2007）认为 h 指数是一个与同行评议一致且有效的评价指标，但是他也指出 h 指数具有一定的局限性，并提出了改进方案。张晓阳等（2014）基于中国图书情报学领域 50 位学者的相关数据，对增加图书引用数据与其学术绩效 h 指标进行了相关性和差异性分析，结果表明，相比于论文 h 指数，综合 h 指数能够更全面、准确地评价学者的科研绩效。

百分位数指标是根据被引频次将同一学科领域、同一出版年和相同类型的文献分解成百分位等级，进而评价研究实体的科研绩效。比如，美国国家自然科学基金委员会 NSF 将论文按照被引频次划分为 6 个百分位区间：$bottom - 50^{th}$、$50^{th} - 75^{th}$、$75^{th} - 90^{th}$、$90^{th} - 95^{th}$、$95^{th} - 99^{th}$ 和 99th，其中 $bottom - 50^{th}$ 是指被引频次排在 50% 以后的论文，$50^{th} \sim 75^{th}$、$75^{th} \sim 90^{th}$、$90^{th} \sim 95^{th}$、$95^{th} \sim 99^{th}$ 和 99th 分别指被引频次排在 25% ~ 50%、10% ~ 25%、5% ~ 10%、1% ~ 5% 和前 1% 的论文。

百分位数指标是博恩曼（Bornmann，2005）在相对引用指标基础上提出的一种论文被引频次标准化的方法，以此来实现不同学科、不同类型、不同出版时间的论文的比较。因此，百分数指标获得了各科研机构的广泛关注，如美国 NSF、荷兰莱顿大学排名（Leiden Ranking）、汤森路透的 InCites 和 ESI 等都采用或提供了百分位数指标。此外，许多学者也探讨了百分位数指标在科研绩效评价中的作用。如 C. S. 瓦格纳和 L. 劳德斯多夫（C. S. Wagner，L. Leydesdorff，2012）研究发现综合影响指标（Integrated Impact Indicator，百分位数指标的类型之一，简称 I3）能够解决以往文献计量指标在科研绩效评价中出现的很多问题。I3 使用百分位数的非参数统计方法，允许高引用的论文比不被引用的论文的权重更大，可以根据评价的单位对论文层次进行重新聚合。因此，C. S. 瓦格纳和 L. 劳德斯多夫（2013）认为 I3 能够反映出科研人员个人的科研绩效，同时他们指出在评价期刊时，I3 指标比期刊影响因子指标（Journal Impact Factor）更适用。

郑芳等（2013）以 Web of Science 和 ESI 数据库为数据来源，对中国农业大学国家重点一级学科"作物学"的科研人员进行了个人科研绩效评价，探索利用百分位数指标评价科研人员科研绩效的可行性和适用性。徐淑妹和崔宇红（2014）利用汤森路透 InCites 中的百分位数指标对国内四所高校的科研绩效进行了评价，并指出百分位数指标与 h 指数、论文数量、平均被引频次等文献计量指标的关联与不同之处。

第二，多指标综合评价法。多指标综合评价法是指将反映评价对象的多项指标的信息加以汇集，得到一个综合指标，以此从整体上反映被评价对象的情况。它具有如下特点：评价包含若干（大于一个）指标，这些指标分别说明被评价对象的不同方面；评价方法最终要通过某种数学模型计算得到一个总指标或总得分以代表被评价对象的整体情况。

多指标综合评价方法并不是特指一种具体的方法，而是对多指标进行综合的一系列有效方法的总称，事实上目前国内外学者已经提出包括数据包络分析法（Data Envelopment Analysis，DEA）、人工神经网络评价法、层次分析法、模糊综合评判法等几十种综合评价方法。虽然具体方法有很多种，但是各种方法的总体思路是统一的，大致可分为熟悉评价对象、确定评价指标及构建评价指标体系、确定指标权重、建立评价的数学模型、分析评价结果等环节。限于篇幅及多指标综合评价法在科研绩效评价领域的具体应用情况，最常用的是层次分析法和数据包络分析法。

层次分析法是一种定性与定量相结合的多准则决策方法。该方法是由美国匹兹堡大学的运筹学家 T. L. 萨蒂（T. L. Saaty）于 1973 年提出的。层次分析法的特点是将复杂的决策问题分解，形成目标层、准则层、方案层等有序的递阶层次结构，然后将同一层次的因素进行比较，从而确定因素的相对重要性，最终形成一个量化的权重体系。

层次分析法的特点在于对复杂决策问题的本质、影响因素以及内在关系等进行深入分析后，构建一个层次结构模型，然后利用较少的定量信息，把决策的思维过程数学化，从而为求解多目标、多准则或无结构特性的复杂决策问题提供一种简便的决策方法，尤其适用于对很难直接准确计量决策结果的场合。

在层次分析法方法被提出后，众多学者研究了如何应用层次分析法对科研人员、科研团队、科研组织或科研项目的科研绩效进行评价，并构建了评价指标体系。例如，王丽丽（Wang Lili，2013）参考了世界大学学术排名（ARWU）和莱顿世界大学排名等八个世界大学排名的指标体系，采用层次分析法构建了高校教师研究绩效的定量评价指标体系，包括科学研究（Scientific Research）一级指标、2 个二级指标、27 个三级指标，并确定各指标权重。张喜爱（2009）分析了高校科研团队绩效评价的内容，主要包括队伍建设、科研项目、科研成果、制度建设和平台建设，然后根据这些内容应用层次分析法构建了高校科研团队绩效评价指标体系，并确定了指标的权重。

张耀天等（2016）探讨了应用自适应层次分析法（AAHP）评价高校科研绩效。他们指出将经典层次分析法用于科研绩效评价时具有主观性强、导向性弱、定量成分少的缺点，而通过实例验证表明应用 AAHP 能够有效改善上述缺点。刘华海（2016）构建了科研项目绩效评价的指标体系，该评价指标体系共有 4 个一级指标（科技项目基础、科技项目水平、科技项目效果和特色附加）和 21 个二级指标，然后综合运用层次分析法和专家评判法确定各级指标的分值。

数据包络分析法于 1978 年由美国的运筹学家 A. 查恩斯、W. W. 库珀和 E. 罗德（A. Charnes，W. W. Cooper and E. Rohdes）共同提出，该方法以"相对效率"（Relative Efficiency）概念为基础，根据多指标投入和多指标产出对相同类型的单位进行相对有效性或绩效评价。

在利用数据包络分析法对科研绩效进行评价时，大多数学者的研究对象为科研项目或科研组织。例如，E. 雷维利亚和 J. 萨尔基斯（E. Revilla and J. Sarkis，2003）基于西班牙的相关数据，利用知识产权指标（如专利）作为合作的产出指标之一，通过数据包络模型评价公－私合作研发项目（Public-Private Research Collaborations）的合作绩效。M. 布尼奥尔和 J. H. 杜拉（M. Bougnol and J. H. Dul'a，2006）对比了两种设计大学的分类和排名的方案，第一种是美国佛罗里达大学发布的顶级美国大学排行榜（Top American Research Universities），第二种是用 DEA 对美国大学进行排名，这两种方法均使用相同的指标体系和大学数据。他们对比了这两种方法后得到的结论是：对大学分类和排名的关键在于模型，而 DEA 是适合这类研究的工具。王晓红等（2004）提出了一种大学科研绩效的评价模型，该模型在多指标综合评价法给出的评价结果的基础上，结合 DEA 模型的计算结果，对传统评价结果进行合理修正，使得修正后的结果具有考察不同投入规模单元之间产出绩效的比较分析功能。

2. 科研绩效的影响因素

科研绩效影响因素的研究一直是科研管理领域的研究热点之一。在对科研绩效影响因素的研究中，较多的学者以科研人员为主体，研究科研人员科研绩效的影响因素。F. 伍德（F. Wood，1990）将影响科研人员科研绩效的因素分为十项，包括个人特点（如个人的能力、创造性、动机、自律和志向）、研究领域、资金、设备、工作环境、培训、所在组织博士研究生的数量、教学和行政需要、任期以及其他因素，如组织期望、职位晋升需求。此外，伍德还认为科研人员能够自主选择研究课题，对其科研绩效的提升有重要作用。

帕特·巴泽利（P. Bazeley，2010）利用澳洲三所大学 2090 名科研人员的调查问卷数据，探讨了科研人员科研绩效的影响因素。巴泽利将科研绩效的影响因素分为两个基础的组成部分和六个维度。第一个组成部分是科研活动（research activity），它由 4 个维度构成，分别是参与（engagement）、任务导向（task orientation）、科研实践（research practice）和知识过程（intellectual processes）；第二个组成部分是可见的科研绩效（performing-making visible），它由传播（dissemination）和学院式参与（collegial engagement）两个维度构成。每一个维度都用一些具体的指标来测量，比如知识过程包含创造性思维、分析能力和开放式思维，学院式参与包括与高校的同事分享知识、经历等。

Y. 赫贾齐和 J. 博热班（Y. Hedjazi，J. Behravan，2011）利用伊朗 280 名农业科研人员的问卷调查数据，发现影响科研人员科研绩效的因素可以归为三类：个体特征、个体统计特征和个体所在组织的特征。个体特征包括工作习惯、创造力、研发自主权和承诺；个体统计特征包括年龄和职称（讲师、副教授、教授等）；个体所在组织特征包括与同事的沟通网络、组织内的科研设施、组织管理模式和组织研究目标。Y. 赫贾齐和 J. 博热班（2011）研究发现科研人员的科研绩效与科研人员个体背景特征和所在组织特征的关联更紧密。与 Y. 赫贾齐和 J. 博热班类似，M. T. 昆博和 E. C. 苏拉博（M. T. Quimbo and E. C. Sulabo，2014）将科研人员科研绩效的影响因素也分为三类：个人因素、组织因素和科研自我效能感。他们认为个人因素包括性别、婚姻状况、受教育情况、年龄、研究经历、已从事教学的年限、职称、研究领域、教学任务；组织因素包含科研政策、科研经费、科研收益和激励措施；科研自我效能感是指科研人员对其成功参与科研活动能力的自我评价。

V. L. 赫斯利和 L. J. 穆克（V. L. Hesli and L. J. Mook，2011）将科研人员科研绩效的影响因素总结为 6 个变量：统计学特征（种族、年龄和性别）、与家庭相关的因素（婚姻状况、是否有孩子、孩子数量）、人力资本（博士课程成绩和质量、完成学位所用年限、论文所属领域）、机会成本（教学和服务工作量）、工作环境（私有/公共研究机构、硕士/博士研究机构、机构声望、机构档次、机构资源）和专业变量（科研人员能力、所属领域、参与会议的频率、当前在科研机构中的职称、科研经验、与其他人的合作情况、对科研的态度）。F. 埃德加和 A. 格瑞（F. Edgar and A. Geare，2013）利用调查问卷对比分析了新西兰三所大学的高科研绩效部门和低科研绩效部门的特征，研究发现自主权（autonomy）、平等主义（egalitarianism）、强烈的绩效支持文化精神（a strong cultural ethos supporting achievement）和个人主义（individualism）是高科研绩效部门的特征。

国内学者也对科研人员科研绩效的影响因素进行了探讨。如张珣等（2014）以江苏、安徽地区的 12 所高校教师作为研究对象，发现对高校教师有显著影响的因素主要有年龄、职称、所在学科、科研压力、科研投入和薪酬满足。其中，科研压力为显著负向影响，科研投入和薪酬满足为显著正向影响，而且科研投入和薪酬满足在科研压力与科研人员科研绩效关系中起到部分中介效应。王仙雅等（2013）以我国高校的教师为研究样本，发现来自高校的科研压力对其科研绩效的负向影响，而学术氛围和教师的情绪智力能够正向调节科研压力对教师科研绩效的影响。古继宝等（2008）利用中国科学技术大学理学院已毕业的博士生为样本，研究了高校博士生科研绩效的影响因素，古继宝等将影响因素分为三类：个体因素（毕业学校、婚姻状况、性别、年龄）、导师因素（博士导师的年龄、指导量、学术地位、学术经验）、培养方案（课程设置、学习成绩）。尚虎平和赵盼盼（2014）利用已结题国家自然科学基金的相关数据，研究了项目申请者的哪些特征能够影响其科研绩效。研究发现，性别因素的影响不显著，而年龄因素、行政职务和头衔、主持科研项目数等因素对科研绩效有显著影响。

除了从科研人员的视角进行研究，有部分学者从科研机构的视角对科研机构科研绩效的影响因素进行了研究。如 J. 古尔登和 F. V. 卡斯滕森（J. Golden and F. V. Carstensen，1989）认为部门规模和机构类型（私人/公共）能够影响科研机构的科研绩效，并通过研究发现科研机构的科研绩效随着部门规模的扩大而降低，并且私人科研机构比公共科研机构的科研绩效要高。H. 邓达尔和 D. R. 李维斯（H. Dundar and D. R. Lewis，1998）研究发现影响高校科研绩效的组织层面因素有高校组织结构、高校领导者、人力资源投入、高校类型（私人/公共）、高校收益总额、技术储备量、计算机设施情况和图书馆馆藏情况。郑丽霞和翟磊（2017）利用问卷调查的方式收集了我国 53 所高校的相关数据，通过实证研究发现，产学研合作模式（校企战略联盟模式、共建合作平台模式、委托研究模式、合作培养人才模式）科研人员结构和科研经费投入对高校的科研绩效有显著影响。贾明春和张鲜华（2013）以我国教育部直属高校为样本，探讨了我国高校科研绩效的影响因素，研究结果表明，经费拨入、人力投入、研究与发展项目和主办国际会议对高校科研绩效有显著的正向影响。

（二）校企合作对高校技术创新绩效的影响

高校的三大职能是培养人才、发展科技和服务社会。其中，发展科技职能不仅包括基础研究等科学研究，也包括发展技术等应用研究活动。因此，高校参与校企合作对技术创新绩效也有较大影响。技术创新绩效一般以专利为衡量手段，所以本书首先简要总结专利产出的研究现状，然后总结校企合作对高校技术创新绩效影响的研究现状。

1. 专利产出的研究现状

对专利的研究开始于 20 世纪 70 年代，并认为专利能够代表组织科技创新能力和创新产出水平，许多国内外学者用专利申请量来衡量组织的专利产出，研究科研资源的投入与专利产出的关系，例如 A. 帕克斯等（A. Pakes et al.，1980）基于美国 121 家企业在 1968～1975 年的专利数据和科研投入数据，分析了 R&D 对企业专利产出的影响，研究表明，企业 R&D 投入对科技创新产出的累积效应弹性为 0.6。郭秋梅（2005）分别统计了重点高校和一般高校 10 年的专利数据和 R&D 投入数据，并进行了对比分析，发现我国重点高校在专利数量和质量上与 R&D 投入表现出不对称现象。郝瑜等（2014）基于陕西高校数据，对科研资源投入与专利产出的关系进行了研究，发现除 R&D 投入外，影响高校专利产出的主要因素还有高校拥有的高职称教师数量、激励制度和专利管理政策；李玉清以我国 10 所高校为研究对象，通过分析高校专利数、承担课题数和 R&D 资源投入数据，发现高校 R&D 经费与专利申请量显著相关；付晔等（2010）将高校分成了研究 1 型大学、研究 2 型大学和非研究型大学，研究了不同类型大学 R&D 人员数量和质量投入对专利产出的影响，结果表明 R&D 经费、人员数量和质量投入对研究 1 型大学的专利产出均有促进作用，R&D 人员质量和经费数对研究 2 型大学专利产出有促进作用；赵庆年等（2016）基于 1993～2003 年我国高校的数据，发现研究与发展全时人员对不同类型高校的专利产出影响不同，并且研究与发展全时人员数量能够正向影响综合类大学和农医类大学的专利授权量；张晓月（2018）以教育部直属高校为研究对象，依托 2009～2016 年高校的相关数据，研究了不同地区高校研究与发展人员投入对高校专利产出的影响，发现北京地区高校专利产出受研究与发展人员投入影响较为显著，其他地区影响不明显。

2. 校企合作对高校技术创新绩效的影响

随着政府的大力支持和校企合作研究热度的提升，国外学者们关注到校企合作对高校技术创新绩效可能存在一定影响并对此展开研究与探讨，一部分学者认为校企合作在一定程度上有助于高校技术创新绩效的提升，表现为高校组织层面或高校科研人员个体层面申请专利或专利获批量的增加，如 C.

劳森（C. Lawson，2013）将企业资助分为大型和小型两类，基于来自英国492名工程学者组成的小组12年的数据进行实证研究，研究结果表明企业资助对科研人员专利申请有积极而显著的影响，获得企业资助份额较高的研究人员比获得很少或没有企业资助的研究人员更有可能申请专利，并且这种影响在学科之间存在显著的差异；G. 克雷斯皮（G. Crespi，2011）对至少接受过一次EPSRC资助的英国研究人员进行的一项研究也发现，申请专利的学者更有可能参与其他类型的知识转移。

另一部分学者认为，校企合作会阻碍高校技术创新绩效的提升。如H. 霍滕罗特（2014）以德国大学为研究对象对该问题展开研究，研究表明，大学在校企合作过程中能够从企业方面获得更多的研究思路，但大学自身的研究方向和研究思路也可能被企业所影响，并且企业投入的科研经费越多，这种影响越明显，来自中小企业的研究思路通常能使大学有更多的专利产出，但长期来看并不一定比纯粹的基础研究的专利产出多。

国内也有较多学者探讨了校企合作对高校技术创新绩效的影响，如刘家磊（2012）以日本为研究对象，研究表明日本在加快校企合作政策实施后，日本的大学与企业合作申请专利的数量大幅提升；朱凌等（2012）认为专利具有内容真实性、获取现实性的特点，用它作为指标衡量校企合作是客观的，并对长三角五所"985"高校专利数据进行了研究，发现校企合作主要影响高校的发明专利数量，这种影响在工程学类学科领域最为明显。

吴伟（2013）通过分析我国80所高校校企合作专利数据，发现校企合作专利数在部属高校中增长较为迅速，合作专利数量与专利总量的比值在2005～2012年相对稳定，合作专利数量与专利总量的比值较高的是部属理工综合类高校和应用型行业性强的高校；余晓等（2013）以浙江省高校为研究对象，基于2001～2012年校企合作专利数据对合作专利与高校优势学科关联程度进行了研究，结果表明，高校的优势学科在校企合作之初能够起到引领作用，在合作专利数量较少的高校中，实力较强的学科所产出的合作专利占总专利数的比例更高；赵延东认为校企合作项目使高校科研人员研究积极性提高，合作项目能够帮助高校科研人员的科研成果完成市场化，并且承担企业研究项目能够帮助科研人员建立更广泛的人际关系；许敏等（2018）以长三角地区71所高校的校企合作申请发明专利数为研究样本，对不同省份专利合作网络结构和空间分布进行分析，发现不同省份专利合作呈现出分布不均衡、合作程度不同的特点。

（三）校企合作对区域经济创新绩效的影响

现有文献表明，很多地区通过校企合作都或多或少对自身产生积极作用，对国家或地区的创新绩效提升起到了正向作用，间接带动了地方经济。格雷罗等（Guerrero et al.，2021）通过对683个墨西哥补助行业进行研究，发现校企合作的关系会增加知识资本的投入和产出（技术转让和创新）。范蓓蕾等（Fan Peilei et al.，2019）分别对企业和高校制作问卷，通过调查发现在罗马尼亚有超过半数的中小企业与大学、研究机构合作，超六成的公司认为和高校合作非常重要，对于高校来说，大部分教师认为与公司合作会提升高校绩效。因此校企合作强度的增加也将为社会和地区发展助力。里尔等（Lilles et al.，1981）的研究表明，高等教育机构通过R&D、创造人力资本、知识和技术转让等为区域经济发展做出了贡献，正在成为区域经济的重要组成部分，但是不能指望大学独自承担转变本地区创新能力和知识经济的重任。伯布里奇等（Burbridge et al.，2021）认为经济越来越依赖利用知识来实现持续增长，大学在未来的经济发展中扮演着重要的角色，为了有效利用其在知识创造方面的专长，为社会带来经济利益，需要和企业、政府结成伙伴关系。克劳斯等（Clauss et al.，2018）在对创业型大学的研究中得出结论，存在七个利益相关者群体决定了现有的创业型大学活动，其中就包括了校企互动和社会与经济，这也说明校企合作也在间接影响社会与经济。

区域经济发展是高等教育发展的根本目标，高等教育作为知识和专业化的人力资本积累的重要场域，能够对区域经济发展产生递增收益并对其他投入要素的收益产生正向影响，进而实现区域经济总的规模收益递增。在高等教育促进区域经济增长的过程中，劳动力数量增加起到了积极作用，同时劳动力质量的提升也会进一步推动区域经济增长。产学融合会加大校企合作，这会促进创业创新成果的产生，并且高等教育为区域经济发展提供了高技能人才，促进区域经济转型升级，所以高等教育要扩大对外合作和开放办学。区域经济能否快速健康发展取决于高校培养的各种人才，而产学研合作特别是企业的进入有助于增强学生的创新能力。浙江省地方高校与地方政府、企业、行业等共造"六位一体"的科技服务体系，支撑区域经济创新发展。何宏等（2020）以杭州电子科技大学为例探索建设成效，发现科技成果转移转化成效显著，得出行业特色高校应主动应对国家、企业需求，认清在区域经济发展中承担的角色，从而更好地贡献自己的力量并实现自身发展的结论。

校企合作的有效开展能够推动区域经济的发展，校企合作的核心内容是企业和学校联合，进行产教融合，助力区域产业的转型升级和经济发展。政府作为校企合作的主导者，应为企业与学校提供资金、政策等方面的支持和监督，并为其搭建平台，寻求多方的支持，使校企合作的开展得到强有力的保障。通过组织产学交流、成立中介组织等措施推动企业与高校合作，开展基础创新研究，发挥创新政策的系统功能，完善创新机制，这也是当今世界科技大国创新政策的新课题。我国区域之间产学合作网络的网络规模、网络密度都在扩大，区域之间相互合作对数有着明显的增长，区域之间的合作关系越来越复杂。东部区域、中部区域、西部区域产学合作的密度是依次递减的，东部区域省市之间产学合作强度最大，形成了比较稳定的产学合作关系。

三、国内外研究现状评述

校企合作对高校科研绩效的影响已经成为管理学的研究热点，通过对校企合作、科研绩效以及校企合作对高校、企业和地区创新绩效影响的相关研究现状进行梳理，可以发现国内外学者在校企合作的动机、合作模式和影响因素方面的研究已经取得了丰硕的研究成果。在科研绩效研究领域，国内外学者对科研绩效的评价和影响因素等方面也取得了不少具有启发性的成果。同时，已经有学者注意到校企合作对高校、企业和地区创新绩效可能存在一定影响，进行了探讨并取得了一定进展。这些研究为本书提供了理论依据，奠定了良好的研究基础，但现有研究尚不够全面、不够深入，主要体现在以下5个方面。

（1）组织层次视角下校企合作对高校整体科研绩效影响的研究较为罕见。高校是由高校教师和学生构成的组织。在校企合作中，高校可以以组织为单位，也可以以科研人员个体为单位；同时高校科研绩效也可以分为高校整体科研绩效和高校科研人员个体科研绩效，因此校企合作对高校科研绩效影响研究应该分为宏观（组织层次）和微观（个体层次）。目前，国内外大多数学者仅以高校科研人员为研究对象，从微观（个体层次）视角来研究校企合作对高校科研人员科研绩效的影响；而高校是由教师和学生构成的组织，应该从宏观（组织层次）视角来研究校企合作对高校整体科研绩效的影响，这样研究才系统全面，但目前尚缺乏这方面的研究。

（2）校企合作对高校科研绩效的影响机制的探讨基本处于空白。不管是从宏观组织层次视角还是从微观个体层次视角来说，目前对校企合作与高校科研绩效关系的研究还主要停留在校企合作对高校科研绩效直接影响的研究层次，鲜有学者引入调节或中介变量来揭示校企合作对高校科研绩效的影响机制，这方面的研究基本处于空白状态。而只有揭示了具体影响机制，才能更有针对性地提出高校科研绩效的提升策略。

（3）跨层次视角下校企合作氛围对高校科研人员科研绩效影响的研究很缺乏。校企合作氛围是组织内成员直接或间接感知到的工作环境的一种属性，能够影响组织内成员的校企合作态度和行为。但是目前尚未从检索到的研究文献中发现有学者从跨层次的视角关注高校组织的校企合作氛围对高校科研人员科研绩效的影响及其作用机制方面的研究。

（4）以中国高校为样本进行的相关研究很少。在校企合作对创新绩效影响的研究方面，不仅没有达成共识，而且多数是国外学者利用发达国家的数据进行的相关研究，少有以中国等发展中国家为样本进行的相关研究。中国作为改革前进中的发展中国家，科技与经济发展有其特色，校企合作对创新绩效的影响有必要进行系统研究，为科技管理部门制定政策提供理论依据和实践参考。

（5）对校企合作对地区经济创新绩效影响的研究较少。现有文献从不同方面对校企合作和区域经济进行研究，目前很少有学者同时研究两个方面。政府介入、人力资源投入等会对校企合作产生影响，并有部分学者提出为了经济快速发展应加强校企合作这一倡议。然而在校企合作强度对区域经济发展的影响这一方面的研究成果还是较少。

本 章 小 结

　　本章首先介绍了本书的研究背景并提出了本书要回答的一些关键问题：（1）校企合作对高校创新绩效的影响是什么？（2）校企合作对地区创新绩效的影响是什么？（3）校企合作对创新绩效的具体作用机制如何？

　　本章第二节对国内外研究现状进行了综述和总结，包括校企合作的内涵特征研究现状、校企合作对高校科研创新绩效的关系、校企合作对高校技术创新绩效的影响以及校企合作对区域经济创新绩效的影响，并对国内外研究现状进行了评述。

第二章 概念界定、理论基础

第一节 概 念 界 定

一、校企合作的概念界定

国外学术界对校企合作的研究较早，而且对校企合作的称谓有多种描述。比如希克斯和汉密尔顿（1999）将校企合作称为高校与企业之间的合作（university-industry collaboration）；布鲁克斯和兰达泽斯（Brooks and Randazzese，1998）将校企合作称为一种校企联系（university-industry relations）；迈耶·克拉默等（1998）将校企合作定义为高校与企业的一种交互（university-industry interactions）；佩克曼等（2013）将这种合作称为学术参与（academic engagement）；其他叫法还有校企协作（university-industry cooperation）、校企结合（university-industry linkages）、校企伙伴关系（university-industry partnerships）等。

我国对校企合作的研究始于 20 世纪 90 年代，国内学术界对校企合作的称谓则相对比较统一，通常称为校企合作、校企联盟或产学合作。国内外学者对校企合作的称谓有多种不同的描述，但是这些描述只是在用词上略有不同，其实质都指高校与产业或企业的合作行为（university-industry collaboration）。

关于校企合作的定义，布洛登等（Bloedon et al.，1994）对校企合作的定义是高校与企业共同研发的合作行为，而这种合作的经费通常由企业负担。埃茨科维茨（Etzkowitz，1998）将校企合作定义为"知识的资本化"

过程。佩克曼等（2013）将校企合作定义为高校科研人员与非学术组织在知识领域的合作。这种合作包括正式的活动，比如合作研发、研究外包和咨询服务，也包括提供特别建议和与从业者交流等非正式活动。科恩等提出校企合作是一种"公-私"跨组织合作，其中的"公"是包含大学在内的公共研究机构，"私"是指产业或企业。科恩通过研究指出校企之间合作的主要渠道包括发布论文和报告、公共会议、非正式信息交换、咨询。康自立（1997）指出校企合作是大学与企业依据资源互补与互惠原则建立的一种合作关系，这种合作关系有助于资源的有效利用，或者理论与实践的有效整合。

校企合作包含两个层面的合作，一个是高校作为一个组织与其他企业合作，另一个是高校内部人员与其他企业的合作。结合国内外的研究成果和本书的研究对象，本书将校企合作界定为高校组织或高校科研人员与企业以联合研发、研究外包、咨询和人员培训等为渠道的合作行为。借鉴班纳-锡等（Banal-Estañol et al.，2002）和德埃斯特等（D'Este et al.，2011）的研究，本书用校企合作强度（university-industry collaboration intensity）衡量高校组织或高校科研人员参与校企合作的程度，利用高校组织或高校科研人员的横向课题经费数除以总课题经费数来测量校企合作强度，其中总课题经费数为横向课题经费数加上纵向课题经费数。此外，跨层次视角下组织层次的校企合作程度对组织内的高校科研人员来说是一种校企合作氛围，它是组织内成员直接或间接感知到的工作环境的一种属性，能够影响组织内成员的校企合作态度和行为。

二、科研绩效的概念界定

绩效（performance）包含业绩和成效两方面，是指组织或个人在一定条件下，对目标实现程度及达成效率的衡量与反馈。维基百科（Wikipedia）把绩效定义为运用知识、技术和能力完成一项工作任务的出色程度，在《现代汉语词典》中绩效的解释为"成绩、成效"。

目前学术界对绩效概念和内涵的界定并没有达成一致，主要存在三种观点。第一种是基于结果的绩效观点，即认为绩效就是结果。这一观点最早可以追溯到泰勒时代的工作定额思想，当时对工人绩效的认定就是用其完成所分配生产任务的程度来衡量的。伯纳丁等（Bernardin et al.，1995）学者支持绩效就是结果这一观点，他们认为绩效是一段时间内工作或活动的产出，各部分工作绩效的总和构成了整体绩效。基于结果的绩效观点有利于员工个人目标与组织目标的统一。

第二种是基于行为的观点，即认为绩效是组织或个体与目标实现相关的一系列行为的总和。如墨菲（Murphy，2013）和坎贝尔（Campbell，1993）等持这一观点的学者认为，工作结果并不完全是由组织或个体的工作行为决定的，很多不可控的外部因素也能影响工作行为的结果，而且个体在完成工作的过程中也可能做与目标实现不相关的行为，所以应该利用与目标实现相关联的行为来衡量绩效。

第三种是基于能力的观点，即认为绩效是个人或组织所具备的某些能力，比如知识、技能或行为能力。这一观点最早由美国哈佛大学的学者麦克莱兰（McClelland）于 1973 年在研究学生成绩时提出，他认为学生的学习成绩与能力是密切相关的，而且学生的能力是其学习成绩的决定性因素。这一观点的提出引起了很多研究者的关注和探讨，最为著名的是斯宾塞（Spencer，1993）基于弗洛伊德的冰山原理提出的员工能力冰山模型，他将员工能力分解为 5 种要素：动机、特质、自我概念、知识和技能。

科研绩效是指科学研究的业绩和成效。目前，绩效有基于结果、行为和能力三种观点，学术界对于科研绩效的研究主要是基于第一种，也就是基于结果的绩效观点，利用诸如论文、专著、专利、获奖等科研成果的相关指标来衡量组织或个人的科研绩效。如曼雅雷斯 – 恩里克斯等（Manjarrés-Henríquez et al.，2009）利用科研人员发表在 ISI 的论文数衡量其科研绩效；奥拉宁等（Auranen et al.，2010）利用高校发表的论文总数衡量高校的科研绩效；李锋等（2009）认为科研绩效的主要体现就是科研成果，包括专利、论文、著作、成果获奖等；古继宝等（2008）提出科研绩效是在一段时间内从事科研活动的人员所取得的业绩，科研绩效的主要体现是科研成果的产出。

科研成果包括论文、著作、获奖、专利和课题等，其中科学论文作为学术研究成果的客观记录，是衡量创造性科研产出的公认指标之一，而且被众多学者作为衡量高校整体科研绩效和科研人员科研绩效的单维指标。论文相关指标中，最常用的两个指标为论文数和论文被引频次，论文数用来衡量科研成果产出的数量，而论文被引频次可以衡量科研成果产出的质量。同时，为了综合评判科研人员的科研绩效，有学者以论文数量和被引用频次为基础，设计了一些单维的综合指标，比如 h 指数、百分位数指标等。

综上，本书对科研绩效定义如下：科研绩效是指高校组织或科研人员在一定时期和一定条件下所创造的科研成果。基于其他学者的研究和数据的可获得性，本书的科研成果是以科学论文的相关指标来衡量的。

三、社会资本的概念界定

在 19 世纪初就有学者提到了社会资本（social capital）这一概念，哈尼凡（Hanifan）在 1916 年完成的一篇论文中提到了社会资本这一概念，虽然没有对社会资本的概念进行定义，但是哈尼凡对社会资本进行了初步的阐释，认为社会资本是随着个体与其他人交往而产生并积累的，并且社会资本能够持续不断地改善社区中潜在的不稳定因素。

直到 1985 年，社会资本才由法国社会学家皮埃尔布迪厄（Pierre Bourdieu）第一次正式定义并将其引入社会学研究领域。布迪厄对社会资本的定义为"实际和潜在资源的总和，而资源取决于所在的稳定的关系网络"。布迪厄的研究可概括为以下三点：社会资本是一种资源；社会资本与个体的关系网络联系紧密，也就是说如果想要获取更多的社会资本，就要扩展个体的关系网络；能够产生社会资本的关系网络必须是稳定的，而关系网络的稳定需要各网络主体持续不断地投入资源。

在皮埃尔布迪厄对社会资本做出开创性的研究之后，科尔曼（Coleman，1988）、普特南（Putnam，1995）、波特斯（Portes，1998）、林（Lin，1981）、波特（Burt，1992）、英克彭等（Inkpen et al.，1991）、纳哈皮特等（Nahapiet et al.，1998）等学者进一步完善了社会资本的内涵，并分别从不同角度定义了社会资本的概念。

科尔曼从功能上定义了社会资本，社会资本是"创造价值的社会结构的某些方面"。他认为社会资本并不是只属于某一个个体的，而是由具有相同特征的一系列不同实体共同拥有的，这些实体共同组成了社会结构，而社会资本促进了社会结构内部个体的行为的发生。贝克（Baker，1990）认为社会资本是一种个体能够从特殊的社会结构中获取的资源，个体可以用这种资源去完成自己的目标；资源本身是由个体之间的关系网络的变化而产生的。

波特斯也从功能角度定义社会资本，其认为社会资本是个体通过其网络关系成员的身份在社会网络结构中获取稀缺资源的能力。获取能力不是个体固有的，而是个体与其他人关系中包含的一种资产。普特南认为社会资本包含社会网络、社会规范和社会信任等，是社会组织的特征并能促使社会组织的合作和共赢。林从嵌入型视角定义社会资本，他认为社会资本是嵌入在社会网络结构中的、可以调动及利用的资源。波特将社会资本定义为交互关系和关系中内嵌的资源，他认为社会关系网络提供了获取有价值资源的途径。英克彭等认为社会资本嵌入关系中资源的集合，这些关系可以是组织拥有的也可是个人拥有的。

在对社会资本的维度划分上，广泛被接受的定义是由纳哈皮特等提出的，纳哈皮特将社会资本划分为结构维度、关系维度和认知维度。其中，结构维度与成员网络中的"闭包"程度相关；关系维度是由个人社会联系的强度构成的；认知维度则关注相互之间共享的意义和理解。

综合以上学者对社会资本概念和内涵的研究成果，并结合本书的研究内容，本书认为社会资本是组织或个人拥有的，嵌入社会关系网络中的资源集合，其可划分为结构维度、关系维度和认知维度。

四、技术能力的概念界定

技术能力这一概念可以应用于国家与地区层次、组织层次和个体层次。从国家与地区层次来说，技术能力是由一系列知识和创新资源构成的。这些知识和创新资源有一些是可以直接观察到的，比如机械、设备、基础设施方面的革新和应用研究方面的科研成果等；还有一些知识和创新资源是无法观察到的，也可以说是无形的，比如新的技能和经验等。

贝克和索瓦酷（Baker and Sovacool，2017）认为国家的技术能力不仅包括机械、设备等"硬件"，同时也包含人类技能、知识积累等"软件"。在充分考虑国家技术能力复杂性的情况下，贝尔等（Bell et al.，1999）将国家层次的技术能力分解为两种能力：生产能力和创新能力。其中，生产能力是指现存产品和过程的操作和维持方面，而创新能力是指开发新产品和过程的能力。

从组织层次研究技术能力概念的学者较多，且主要以企业组织为研究对象。加西亚－穆尼亚等（García-Muiña et al.，2007）将企业的技术能力划分为技术开发能力（technological exploitation capability）和连续渐进式创新（successive incremental innovation）。加西亚－穆尼亚等认为技术开发能力是企业起初获得颠覆性创新的一种手段，这种颠覆式创新会在很长一段时间内主导企业的技术设计开发。而渐进式创新是用来改善现存技术设计的某些特性，直到整个系统被新系统取代。阿黛尔等（Adler et al.，1990）将企业的技术能力详细划分为四类：使用适当的技术流程生产新产品的能力；开发新产品以满足市场需求的能力；开发新产品和技术流程以满足未来市场需求的能力；能够有效抵御竞争者和不可预见的市场压力的能力。郭斌和许庆瑞（1996）在对组织知识存量及其操作的研究基础上，提出了组织技术能力的概念框架，并把组织技术能力界定为以学习过程为核心的组织技术资源的处理能力，它具有动态和静态两方面的特性。

从微观个体层次研究技术能力的学者相对较少，而且主要以高校或企业的科研人员为研究对象。梅秀青等（Mei Hsiu-Ching et al.，2016）认为高校科研人员的技术能力是指科研人员以技术为导向的科研能力，并以高校科研人员国内外申请的专利数量衡量其技术能力。贡金涛等（2015）认为公司科研人员的技术水平与申请的专利是息息相关的，在构建了专利合著网络的基础上，利用专利合著和引用的相关指标（如度数中心度和中介中心度等）构建了科研人员评价指标体系，从而综合评价科研人员的技术能力与水平。

综合已有研究及本书的研究内容，本书把技术能力界定为：科研人员以技术为导向，开展应用研究的能力。本书以专利的相关指标作为科研人员技术能力的衡量手段。

五、高校专利产出

产出在通常意义上指生产所创造的可用于扩大生产或消费的产品，专利产出则是以专利为依托的产出。专利是高校进行科技创新的重要体现，其产出水平体现了高校进行科技创新的能力，从实际角度来讲，其产出过程通常包括申请与授权和转化与应用两个阶段。通常来讲，完成第一阶段就可被视为专利产出。

专利产出数量通常采用申请量或授权量两个指标衡量，但在已有研究中，多用专利申请量对专利产出进行衡量。吴伟等用发明专利申请量对高校的合作专利进行衡量，分析了 70 所大学与企业合作专利的产出情况，探究产学研合作在高校中的发展状况；武士杰（2019）认为专利申请量能够体现企业的创新水平，企业科技成果转化生产的能力可以用专利申请量直接体现，并用专利申请量衡量了企业的专利产出水平；张晓月等（2018）用专利申请量衡量高校的专利产出，对高校研究与发展人员投入与专利产出间的关系进行分析；蒋仁爱和贾维晗（2019）用专利申请量衡量中国专利产出，指出我国专利产出受不同类型的跨国技术溢出的影响；靳军宝和曲建升（2019）对不同国家不同类型的专利申请量进行统计，以此衡量不同国家的专利产出，分析了我国与科技强国之间专利产出的差异和发展态势；鞠树成（2005）认为专利申请量与专利授权量之间存在很强的线性关系，专利授权量包含的信息与专利申请量包含的信息具有很高的重合度，并且与专利申请量相比，专利授权量具有很强的滞后性，如果用它作为指标衡量专利产出则会导致信息失真，因此鞠树成用专利申请量为指标对中国的专利产出进行衡量，研究其与中国经济增长的关系；帕克斯等（1980）认为专利申请量作为一个量化指标能直接反映创新水平，并且统计资料具有完整性和较强的可获取性，用其衡量专利数量具有较强的优势。

张奎贤和林平（Cheung Kui-yin and Lin Ping，2004）指出，在新产品开发与销售方面，专利申请能够包含过程中的产品和流程创新，因此，虽然以专利申请作为指标衡量专利产出具有一定的缺陷，但是仍然优于用其他指标进行测量；劳森（2013）用专利申请量对专利进行衡量，基于来自英国 492 名工程学者组成的小组的 12 年的数据进行实证研究，研究结果表明企业资助对科研人员专利申请有积极影响；莫诺蒂（Monotti，2003）指出国外的经济学领域也是采用申请量对专利数量进行衡量，因为专利授权过程更容易受到专利机构、政府等因素的干扰而出现异动。

基于上述考虑并结合本书的研究内容，本书将高校专利产出的概念界定为高校组织整体或高校科研人员通过科学研究、联合研发等创新活动输出的以专利为表现形式的科研成果，并选取专利申请量为指标对专利产出进行衡量。选择该指标的原因主要有以下两个方面：一方面是上述列举的文献均来源于中文核心期刊、CSSCI 和 SSCI，借鉴他们的方法较为可靠；另一方面，专利授权通常具有 1.5～3 年的滞后性，若采用专利授权量衡量专利产出，则当年的经费得到的专利产出在 1.5～3 年后才能显现，而本书研究的是当年的经费对当年的专利产出的影响，因此专利授权不具有客观性，以此衡量专利产出并不适合。

第二节　理论基础

一、产学研合作相关理论

（一）国家创新系统理论

国家创新系统理论（National System of Innovation）是由英国学者克里斯托弗－弗里曼（Christopher-Freeman）于 19 世纪 80 年代率先提出的，弗里曼在 1988 年发表的论文中明确提出了国家创新系统的概念[1]。随后，美国学者 R. R. 纳尔逊（R. R. Nelson）和丹麦经济学家 B. A. 伦德瓦尔（B. A. Lundvall et al.）等众多学者进一步完善和发展了国家创新系统理论。

在国家创新系统理论被提出之前，创新的线性模型理论占据着主导地位。创新的线性模型（The Linear Model）认为创新的过程遵循"投入—研发—创新—应用"这一线性过程。从线性模式的线性过程中可以看到，线性模式强调科研投入和研发的作用，认为科研投入和研发是创新的直接因素，知识在创新链条中由上而下流动。二战后创新的线性模型思想在美国等很多西方国家一直占据主导地位，但是这种理论存在着很大的缺陷，并没有考虑到创新

① Freeman C. Japan：A new national innovation system ［J］. Technology and Economy Theory，London：Pinter，1988：331－348.

具有复杂性、非连续性和发散性等特征，所以该理论受到了来自日本经济增长的挑战。弗里曼在研究日本经济发展的过程中发现，日本没有在研发上有过多的投入，反而更加注重已开发技术的应用与改造，也就是说日本并没有采用传统的线性模型，但日本的经济又获得了举世瞩目的飞速发展，弗里曼对日本进行研究后提出了国家创新系统理论（1995）。

国家创新系统理论认为国家宏观的技术创新政策以及技术和信息在企业、大学、科研院所等机构间的流动是国家层面创新的关键，所以企业等私营机构和大学等公共机构之间应该构成合作网络，以使得新技术能在合作网络中更好地传播，从而推进国家创新。

国家创新系统理论被提出后，引起了国际学术界的强烈反响，也受到各国政府的重视。国家创新系统理论认为企业是国家创新系统的主体，而大学、研究机构和政府等机构都是辅助支持性机构。同时，企业作为主体，应该和大学等科研机构组建合作网络从而推动国家经济的发展，所以产学研合作也开始受到学术界的关注。

（二）三螺旋理论

1. 三螺旋理论的内涵

三螺旋理论（The Thriple Helix）由纽约州立大学的 H. 埃茨科维茨和荷兰阿姆斯特丹大学的 L. 莱兹多夫于 1995 年提出（H. Etzkowitz and L. Leydesdorff），随后以这两位学者为首的优秀学者发表了一系列论文及专著对该理论进行了完善。目前，三螺旋理论已经得到国际学术界和各国政府的广泛认同，并且成为我国校企合作的主要理论依据之一。

三螺旋理论认为高校、企业和政府之间的交互是驱动知识社会持续创新的核心因素。社会比生物更加复杂。对生物 DNA 模型来说，双螺旋就足够了，但是对高校、企业和政府的交互来说，需要三螺旋。在三螺旋理论中，企业的定位是生产，政府的定位是保证高校与企业之间交互和交换的合同关系的稳定性，高校的定位是新知识与新技术的提供者。

三螺旋理论认为不仅高校、企业和政府之间的关系需要转换，这三个主体内部的边界也需要转换。随着组织越来越多地承担其他组织的角色，传统对组织功能的匹配已经不再适用。三螺旋理论与国家创新系统理论（National Innovation System）不同的地方在于国家创新系统理论认为企业在国家创新中占有主导地位，而三螺旋理论认为高校才是驱动知识社会持续创新的主要角色。高校最开始的任务只是教学，在 19 世纪末高校经历了"第一次学术革命"——科学研究被引入高校并成为高校除教学之外的第二项任务。随着知识经济时代的到来，知识和科研对国家和地区经济的发展有巨大的促进作用，而高校不仅拥有海量的科学知识和科研资源，也拥有大量的科技人才。在这一背景下，高校发生了"第二次学术革命"——社会服务职能被引入高校并成为高校的第三项职能。高校通过向企业等组织进行技术转移发挥社会服务职能，促进了国家和地区经济的发展，成为驱动知识社会持续创新的主要角色。

2. 三螺旋模型的演进路径

三螺旋理论认为创新系统的演进以及当前对校企合作应该选择哪条路径的探讨都能在高校、企业和政府关系的不同制度安排上有所体现。三螺旋创新模型演进路径的起点有两个，分别是中央集权模型和自由放任模型。在中央集权模型中，政府起到绝对的主导作用，而高校和企业处于从属地位，如图 2 – 1（a）所示，政府能够控制并协调高校与企业之间的关系。在自由放任模型中，政府、高校和企业之间的边界是相互分离的，但是在三者之间有明确的直接联系，如图 2 – 1（b）所示。严格的分离导致了对组织角色的狭隘定义、组织间更强的边界以及在不同组织之间交互的困难。自由放任模型的思想在 2000 年瑞典研究报告中有所体现。

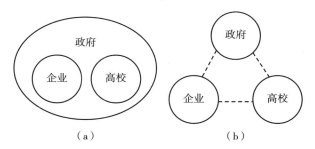

图 2 – 1　中央集权模型和自由放任模型

不论是以中央集权模型作为起点还是以自由放任模型作为起点，都会朝着知识和技术管理的新的全球化模型演进，使人们能够从历史趋势、新的结构布置和新兴的时刻变化去分析创新的动力。在这一趋势下，中央集权模型和自由放任模型最终都会演进为三螺旋模型。在三螺旋模型下，政府、高校和企业的组织边界出现重叠交叉，每个组织在保持其自身特性和角色的同时，还承担着其他角色的部分功能（如图 2 - 2 所示）。

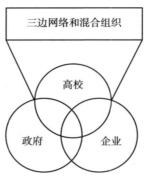

图 2 - 2　三螺旋模型

　　三螺旋模型试图让高校、企业和政府的角色和关系获得转变。高校、企业和政府都被概念化为相互交织的螺旋，在经典的创新机制中相互联系。在自由放任模型中，企业是驱动力，其他两个螺旋作为辅助支撑结构；在中央集权模型中，政府扮演着主导角色，推动着高校和企业的发展。螺旋之间很少是平等的，一个螺旋通常为另一个提供动力，其他的组织都是围绕着一个"创新组织者"旋转。随着时间的推移，在三螺旋中作为核心螺旋的组织也会发生变化，并最终被其他螺旋取代，如此往复。无论起点是中央集权模型还是自由放任模型，高校、企业和政府的组织边界最终都会发生重叠并变为三螺旋模型。

（三）开放式创新理论

　　开放式创新理论（Open Innovation）是美国哈佛商学院的亨利·切斯布鲁（Henry Chesbrough）教授于 2003 年在其著作《开放式创新：创造和从技术中获利的新需求》（*Open Innovation*：*The New Imperative for Creating and Profiting from Technology*）中正式提出的。切斯布鲁教授在研究企业的研发策略时发现，企业的研发策略主要有两种，一种是内部研发投入占比较高的企业（如杜邦和朗讯等），另一种是内部研发投入占比较低但是有意识地利用外部创新资源的企业（如谷歌、思科等）。切斯布鲁对比这两种研发策略的企业后发现，前者的研发投入回报率和创新效率普遍低于后者，他认为造成这一结果的原因是前者只注重内部研发而忽视了外部创新资源的利用，据此切斯布鲁提出了开放式创新理论。

开放式创新是相对封闭式创新而言的，封闭式创新是指企业完全依靠自身研发新技术并商业化的一种创新模式，强调"成功的创新需要严格的内部控制"的理念，这种创新模式在 20 世纪已被许多大型企业成功验证。例如，施乐（Xerox）公司的帕洛阿尔托实验室发明了静电复印技术，并通过将这种技术商业化而取得了成功，使施乐公司一举成为世界 500 强企业。封闭式创新模式如图 2－3（a）所示。

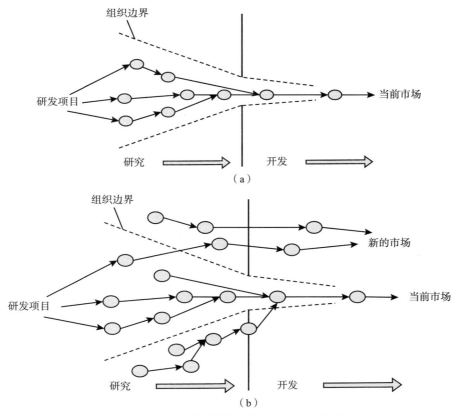

图 2－3 封闭式创新模式和开放式创新模式

随着 21 世纪信息时代的到来，只依靠在企业内部封闭式创新的这种模式已经无法适应快速发展的市场竞争环境，企业需要将内部资源与外部资源相结合，开放式创新因此成为大多数企业的必然选择。在开放式创新模式中，企业不仅将自身研发的成果商业化，也将从外部获取的想法商业化，而且在商业化的过程中，也不仅局限于原有市场，而是寻求开拓外部市场，也就是说企业的边界变得模糊且具有可渗透性，企业的内部与外部能够更有效地互动，使得知识、信息、技术和资金等在组织内部和外部双向流动，从而使企业能够更有效率地开发新产品或扩展新市场。开放式创新模式如图 2 - 3 （b）所示。

目前，开放式创新已经被很多企业采用，这些企业在应用开放式创新战略时，不仅会与其他企业进行合作，也会与大学和科研机构等知识生产机构合作，如芯片巨头英特尔公司每年在资助大学科学研究上的花费就超过一亿美金，并且英特尔公司还在许多大学成立"Lablet"研究用来获得大学开发的"原创技术"，以及寻求一些"可能有用"的创意。

二、社会资本理论

从 1985 年布尔迪厄（Bourdieu）正式定义社会资本概念并引入社会学研究领域到如今的三十多年间，经过众多学者的不断扩展和完善，社会资本已经由社会学领域扩展到经济学领域和管理学等领域，并且由一个单一的概念演变为一套系统的理论。由于社会资本的概念和内涵在上文已有总结，故此处不再赘述。接下来将从以下三个方面简述社会资本理论：社会资本的主要理论方法、社会资本的特性和社会资本的测量。由于本书应用社会资本理论的层次为科研人员个体层次，所以此处对社会资本理论的简述也主要从个体层次展开。

（一）社会资本的理论方法

由于不同学者从多个视角探讨了社会资本的概念和内涵，因此社会资本理论的研究也就出现了许多不同的分支，这些分支既是社会资本理论的组织部分，也是认识社会资本的方法，本书介绍社会资本理论中三个影响比较广的理论方法：弱关系理论、结构洞理论和社会资源理论。其中，弱关系理论和结构洞理论关注社会关系网络的结构，而社会资源理论关注社会关系网络的内容，这三者并不是相互排斥的。

1. 弱关系理论

弱关系理论（Weak Tie Theory）是由美国斯坦福大学的马克·格兰诺维特（Mark Granovetter）教授于 1973 年在《弱关系的强度》一文中提出的。格兰诺维特在研究个人的社会关系网络对其找工作的影响时提出，每个人都拥有两种形式的关系——强关系（Strong Ties）和弱关系（Weak Ties）。强关系是指个人接触最频繁并且感情很稳定的人，比如亲人、朋友、同事和好朋友。而弱关系是指在一个人的社交圈之外的那些接触不太频繁且没有多少感情基础的人。格兰诺维特研究发现在探究某些社会网络现象时，弱关系比强关系更重要，而且弱关系与个人工作和事业的联系往往比强关系更紧密。

2. 结构洞理论

结构洞理论（Structural Holes Theory）是由波特于 1992 年提出的①。结构洞理论关注人际关系网络的结构形态。按照结构洞理论，如果人际关系网络中的两个个体之间没有直接联系，必须要通过第三者才能形成联系，那这个将前两个个体联系起来的第三者就占据了一个结构洞。波特认为人们在关系网络中的位置比关系的强弱更重要，一个人如果占据了多个结构洞，也就能将许多没有关联的人联系起来，那么这个人往往能获得更多的信息和资源，也就更具有优势。

3. 社会资源理论

社会资源理论（Social Resources Theory）于 1981 年提出，该理论关注嵌入在人际关系网络中的社会资源。林认为关系网络中的每个人都具有不同类型的资源，如果一个人想达成自己的目标有时需要的就是特定类型的资源，当这个人能通过社会关系网络认识具备这种资源的人，这个人就更有可能完成自己的目标，也就是说一个人关系网络中具备特定资源的其他人构成了这个人的社会资源。所以，有学者认为，并不是关系的强弱或关系的桥梁属性使个人具备优势，而是一个人在社会关系网络中能够获取的社会资源起决定

① Ronald Burt. Structural holes：the social structure of competition［M］. Cambridge：Harvard University Press，1992.

性作用（Lin et al.）。

（二）社会资本的特性

综合不同学者对社会资本概念及内涵的理解，可以看出社会资本是一种存在于个人或组织之间的特殊资本。但是社会资本与物质资本和人力资本等有较大差异，自身具有一些独特的属性，本书总结了社会资本的三个主要特性，即无形资产属性、自我强化属性和公共物品属性。

1. 社会资本是一种无形资产

科尔曼认为社会资本是一种无形资产，它表现为人与人的关系。社会资本与物质资本和人力资本等有形资产不同，它是由个人或组织相互联系而产生的。个人或组织相互联系，构成关系网络，而社会资本则嵌入在关系网络中，成为关系网络中的一种重要资源。

2. 社会资本的自我强化性

自我强化性是指社会资本不会像物质资本一样随着使用的增多而减少，相反，它会随着使用的增多而增加。纳哈皮特等将社会资本划分为结构维度、关系维度和认知维度。其中结构维度是指关系网络的结构，包括关系网络的规模、密度、中心性等；关系维度是指关系网络中个体联系的强度，包括信任、规范和认同等；认知维度是指个体相互之间共享的意义和了解，包括语言、符号和文化习惯等。如果关系网络中的个体对社会资本的使用增多，也就说明这个个体可能扩充了其关系网络（结构变化），或与相同的个体联系增强（关系加强），或与其他人交流和沟通增多（加强了解）。无论是哪一点，都说明社会资本是增加了而不是减少了。

3. 社会资本是一种公共物品

科尔曼在从功能上定义社会资本时认为社会资本并不只属于某一个个体，而是具有相同特征的一系列不同实体共同拥有的，这些实体共同组成了社会结构。这就是说社会资本具有公共物品属性，社会资本的形成和使用都必须与其他人相联系。虽然可以说个人拥有社会资本，但是这种来自关系网络的资本不会随着个人退出关系网络而完全消失，也不能转让，而且社会资本的公共物品属性也决定了社会资本具有一定的外部性。

（三）社会资本的测量

如何测量个人或组织拥有的社会资本在学术界一直存在争议，不同学者对社会资本内涵的理解不同，即使社会资本包含相同的元素（如网络、信任和规范等），不同学者给出的测量方法也经常是不同的。正如科尔曼所言，在社会学中，社会资本能否像财务资本、物质资本和人力资本一样成为一个有用的定量概念，还是未知数。目前，社会资本的价值主要体现在它对社会系统的定性分析和定性指标的定量分析上。

虽然存在争议和一定的困难，但对社会资本的测量的研究一直没有止步。布尔迪厄在提出社会资本定义时，也对社会资本的测量进行了初步的探讨，并提出用"容量"（volume）作为社会资本的单位，从而使社会资本可以像财务和物质资本一样在不同人之间进行比较，但是布尔迪厄并没有详细定义"容量"单位的计算方法。

格兰诺维特（1973）和波特等学者基于个人社交网络的结构和在社会交往中的位置来测量其社会资本。格兰诺维特指出一个人在社交网络中与其他人关系的数量和强度会影响其社会资本回报；波特的结构洞理论指出在关系网络中拥有更多结构洞的人拥有更多的资源；英克彭等研究发现关系网络的配置和稳定性是社会资本的重要指标之一。

以林南为首的社会资源论学者认为，关系网络中嵌入的资源是社会资本的核心指标。社会资源理论指出，在社会中有价值的资源通常表现为财富、权利和地位。因此，想要衡量一个人的社会资本，可以通过分析与这个人有直接或间接关系的人的数量和种类（财务、权利或地位等），进而确定其社会资本。利用这种测量方法测量社会资本时，可以主要从社会层级较高的人处收集数据，因为这些人通常控制着更多的资源，具有更大的关系网络，对关系网络中的其他人影响较大，所以，从这些人处获得的数据更具有代表性。

此外，纳哈皮特等对社会资本维度的划分影响很广而且被众多学者接受。有学者研究了如何测量社会资本的结构维度、关系维度和认知维度，进而全面测量社会资本。如麦克法登等（Mcfadyen et al.，2004）利用科研人员网络规模和关系强度分别衡量了社会资本的结构维度和关系维度。冈萨雷斯－布兰比拉（Gonzalez-Brambila，2014）基于科研人员发表于 ISI 的论文合著数据，利用直接联系数量、关系强度、关系密度、结构洞、内外部索引、特征值、声誉和单一作者论文数等变量全面衡量了社会资本的结构维度、关系维度和认知维度。李有仁等（2013）从社会资本的视角，在研究合著网络对科研绩效的影响时，利用合著网络的度中心性（Degree Centrality）、接近中心性（Closeness Centrality）和中介中心性（Betweenness Centrality）共同测量结构性社会资本；利用多产学者论文合作者数（Prolific Co-Author Count）测量关系型社会资本；利用团队探究（Team Exploration）和在职任期（Publishing Tenure）测量认知型社会资本。

三、组织氛围相关理论

（一）场论

场论（Field Theory）是社会心理学家库尔特·勒温（Kurt Lewin，1890 ~ 1947）参照物理学中的"磁场"概念提出的，其认为个人的心理经验是在一种"心理场"（psychological field）或"生活空间"（life space）中发生的。场论强调了人际冲突、个人性格和情景的作用，他认为人们的行为是个人因素与环境因素综合作用的结果。勒温提出了场论的规则，他认为分析必须将整体情况考虑在内。

人们的成长过程中，总有一些重复的行为，比如有很多相同的失败尝试。根据场论，这种重复是由内部力场（需要的张力）和情境力场（环境因素）共同作用的结果。内部力场和环境力场的相互作用关系决定个人行为的方向和向量（有大小、有方向的量），用函数公式来表示就是 $B = f(P, E)$。其中，B 代表行为（behavior），P 代表个体特征（personality），E 代表环境（environment）。场论中一个重要的概念是生活空间（life space）。生活空间不是真实世界的物理上的空间，而是指一个人的心理世界，以及能够影响这个人心理世界的各种因素的集合，个体在特定的时间所体验的世界就是其生活空间。生活空间与一个人的行为是密切相关的，所以一个人的行为函数也可以表达为 $B = f(LS)$。而由 $B = f(P, E)$，可知 $B = f(LS) = f(P, E)$，其中 LS 表示生活空间。因此，个人（P）与环境（E）之间的相互作用也构成了一个人的生活空间。

（二）群体动力学理论

群体是相对于个体而言，但不是个体的简单集合。群体指拥有共同愿景的两个或两个以上的人相互影响、相互作用，以一定的方式联系在一起共同活动的人群。从本质上来说，群体是由个人组成的一个"动力整体"。

群体动力学（Group Dynamics）是由社会心理学家库尔特·勒温提出的，致力于研究群体性质、发展规律及其与个体和其他群体的相互关系。场论是群体动力学最重要的基础理论，除了场论之外，群体动力学的另两个主要基础理论还包括格式塔心理学（Gestalt Psychology，强调经验与行为的整体性，认为经验与行为的整体要大于部分之和，并主张以整体的动力结构观来研究心理现象）和拓扑心理学（Topological Psychology，格式塔心理学的一个分支，也是由勒温创立。该理论也用到了心理生活空间的概念，勒温将拓扑学引入了心理学领域，利用拓扑学来陈述心理事件在生活空间的移动以及移动的路径）。

基于场论、格式塔心理学、拓扑心理学等理论，库尔特·勒温提出了群体动力学理论，该理论把群体作为一种心理学上的有机整体，并认为群体与个体、个体与个体之间相互影响与作用会产生正向作用力和负向作用力，这两种作用力会对群体行为以及群体内个体的行为产生影响，驱动群体发展。群体动力学以场论的观点解释群体行为的产生机制，从内外环境相互作用的视角研究群体条件下个体的特征和行为规律。

（三）从群体氛围到组织氛围

群体动力学认为个人的行为受到群体内其他因素的影响，比如，当群体内其他成员在场时，个人的工作会更加努力，效率也更高，而当群体内的其他人对个人产生一定干扰或爆发了一些冲突时，则会降低其工作绩效，勒温称这一现象为群体氛围（Group Climate）。

群体氛围是一种心理氛围，指群体内个体对所在群体环境某些方面共同的感知或个体所形成的认知地图（即认知结构）之间相同或相似的部分。群体是由相互影响、相互作用并依存的个体组成的，当群体内形成了某些可被群体成员直接或间接感知的共同属性时，群体氛围由此形成，对群体内成员的行为产生影响。

20 世纪 50 年代，研究者们在勒温提出群体氛围的基础上进一步提出了组织氛围（Organizational Climate）的概念，认为组织氛围是组织内部环境的相对持久恒定的状态。从 20 世纪 60 年代开始，大量学者对组织氛围这一概念及内涵进行了研究。比如，利特文和斯特林格（Litwin and Stringer，1968）

定义组织氛围是一种组织特性，这种特性来自组织内成员对组织环境的共同认识。组织氛围能够直接或间接地被组织内成员察觉，并且能够影响组织成员的行为。施耐德（Schneider，2013）认为组织氛围是通过特殊的社会信息过程而出现在组织之中的，这个过程基于员工对他们所经历的政策、实践和过程的理解，以及他们观察到的奖励、支持和预期的行为。陈维政、李金平和吴继红（2006）在综合国外学者对组织氛围内涵研究的基础上，界定组织氛围是关于一个组织内部环境的相对持久的特性，是一个组织所具有的独特风格，是一系列可测量的工作环境属性的集合，是一个多维度的概念；它能够被组织内部成员直接或间接地感知，能够通过组织成员的主观知觉进行测量；同时，它能够通过组织成员的知觉影响员工的行为动机和工作表现，是介于组织系统与组织内部人员行为之间的桥梁。

在组织氛围概念的基础上，有学者将组织氛围概念进一步细分为组织创新氛围、组织服务氛围、组织安全氛围、组织公平氛围等。如组织创新氛围一般指组织内成员对组织创新导向、组织创新支持等的一种共同感知，这种共同感知是在组织成员之间互动或成员与组织互动的过程中形成的，而且能够对组织成员的创新性行为产生一定影响。组织服务氛围是指员工向顾客提供优质服务后，对能够得到组织回报、支持和期望的一种共同看法，它通常与客户满意度和财务业绩紧密相连。组织安全氛围是组织内员工对工作环境安全和风险的共同感知，组织安全氛围一般与组织曾经发生的事故、事故报告等有关。与组织创新氛围和组织安全氛围类似，组织公平氛围一般指组织内的员工对组织公平性以及自身是否受到公平对待的一种共同感知与看法。

组织创新氛围、组织服务氛围、组织安全氛围和组织公平氛围等概念是学者在应用组织氛围概念指导管理实践中总结出来的，能够反映组织内员工对组织某些特定属性的共同感知，并且这些特定的组织氛围有助于更好地理解和预测组织内某些组织的产出（如创新成果、客户满意度等）。

四、资源基础理论

资源依赖理论（Resource Dependence Theory）于 20 世纪 40 年代开始萌芽，该理论探讨组织为了实现既定目标，应该如何通过降低对外部单一资源的依赖来确保关键资源的稳定和持续获取。资源依赖理论主要着眼于组织间的依赖关系，并探讨这种依赖关系如何导致外部控制权力的形成。本书将重点论述资源依赖理论的四个核心观点，并对产学合作的原因进行解释，分析资源依赖理论对于产学合作的启示。

首先，资源依赖理论强调组织生存问题是组织最关心的核心问题。组织为了在竞争激烈的环境中生存和发展，需要依赖外部资源来满足其运作所需。然而，由于资源的稀缺性和不可替代性，组织往往无法实现资源的自给自足，因此必须与外部环境进行资源的交换与共享。

其次，资源依赖理论指出组织之间存在着资源的相互依赖，这种依赖关系往往导致外部控制权力的形成。当组织对某一关键资源高度依赖时，供应方可能通过掌握关键资源的供给、定价或提供条件等手段来对组织行使控制权，进而影响组织的决策和行为。因此，组织需要在资源依赖的基础上与外部主体进行协商、合作和互惠，以减少对单一资源的过度依赖，降低外部控制权力的风险。

再次，资源依赖理论强调组织在资源依赖的环境中，必须与其他主体或环境因素进行持续的资源和信息交换。组织需要与供应商、合作伙伴、政府机构等建立良好的关系，通过信息共享、技术转移、合作研发等方式获取所需的关键性稀缺资源。同时，组织也需要与外部环境保持紧密联系，及时获取环境变化的信息，以便灵活调整资源配置和组织战略。

最后，资源依赖理论指出组织为了解除外部依赖资源的限制，会积极地寻求组织自治。组织自治是指组织通过内部资源的开发和整合，减少对外部资源的依赖程度，增强自身的自主权和控制能力。组织可以通过技术创新、人才培养、品牌建设等方式提升内部资源的价值和竞争力，降低对外部资源的依赖，从而在竞争中获得更大的自主权和主动性。

根据资源依赖理论，可以在一定程度上解释产学合作的原因。产学合作的主要目的之一是加速整合组织间的互补性资源，更快速地获取创新所需的关键性资源，并将其控制和利用起来，实现技术创新。实际上，许多组织选择参与产学合作是因为通过合作可以获取和利用对方的稀缺资源，从而提高自身的绩效和创新能力。在产学合作中，企业可以通过与高校、科研机构等建立合作关系，获取专业知识、技术支持和研发资源，从而提升自身的竞争力和创新能力。

综上所述，资源依赖理论强调组织为了生存和发展必须依赖外部资源，并通过与外部主体的合作和交换来满足自身的需求。资源依赖理论对于理解产学合作的原因和实践具有重要的指导意义。通过产学合作，组织能够获取和利用对方的稀缺资源，加速创新和技术进步，提高自身的绩效和竞争力。在未来的研究和实践中，进一步探索和应用资源依赖理论将有助于深化对产学合作的理解，推动创新的发展。

五、战略管理理论

战略管理理论最早萌芽于 20 世纪 20 年代末。当时，美国爆发了经济危机，迫使美国政府开始对经济进行宏观管制。在这个背景下，管理学者们开始从微观层面探究导致企业效率下降的原因。他们意识到，在复杂多变的商业环境中，企业需要有明确的目标和策略来应对挑战，以确保长期的竞争优势。1938 年，美国管理学家巴纳德（Barnard）在他的著作《经理人员的职能》（*The Fuctions of the Executive*）中首次引入了战略的概念，并认为在需要做出决策的任何情况下，企业都应该考虑战略因素。这标志着战略管理理论在管理学领域的正式出现。随后，钱德勒（Chandler）在他的研究中进一步发展了企业战略的概念，并提出"结构跟随战略"这一重要命题，即企业的战略决策应该与组织结构相适应。

在钱德勒的基础上，战略管理理论得到了进一步的拓展和深化。1965 年，美国管理学者安索夫（Ansoff）提出了"战略四要素"的概念，包括产品－市场范围、增长向量、竞争优势和协同作用。这一概念成为企业战略理论的基本框架，推动了战略管理研究的进一步发展。

随着时间的推移，战略管理理论的研究进入了理论丛林阶段。不同学者提出了不同的观点和理论，形成了多个战略管理学派。其中，环境适应学派是战略管理理论中的一个重要派别。环境适应学派强调外部环境对组织战略的重要作用，认为企业必须适应环境才能实现生存和发展。

在环境适应学派中，波特（Porter，2012）提出了行业竞争结构分析模型，强调企业应该根据对外部环境的分析来确定战略。他认为企业的竞争优势来自所处行业的竞争环境和企业自身的资源能力。另外，伊丹（Itami，1991）提出了战略适应性的观点，强调企业战略必须与外部环境（包括客户、竞争对手和不断变化的技术）以及内部组织相适应。

根据战略管理理论中的环境适应学派观点，企业无法置身于真空环境中，外部环境因素对企业战略制定与实施具有深远影响。其中，市场环境作为企业外部环境的重要组成部分，包括市场竞争、市场需求和市场中介组织的发展水平等因素。因此，本书从环境适应学派的观点出发，研究了市场因素和地区高等教育资源的丰富程度等外部环境因素对校企合作战略决策的影响。

六、创新生态系统理论

创新生态系统理论是一种理解创新过程的理论框架，它强调创新是一个复杂的系统性过程，涉及多个组织、机构和个体的互动和协作。在校企合作对地区经济创新绩效的影响方面，创新生态系统理论提供了重要的分析视角和理论支持。根据创新生态系统理论，创新不仅是单个企业或组织的活动，更是需要在一个开放的生态系统中进行的活动。在地区经济中，校企合作可以被视为一个创新生态系统的组成部分，它包括高校、企业以及政府等各种组织和机构。这些组织和机构之间通过校企合作建立联系和互动，形成一个促进创新的合作网络。

首先，创新生态系统理论强调多元参与者的重要性。校企合作作为一种多元参与者的合作形式，吸引了来自不同领域的高校、企业、研究机构、政府部门等多方参与创新活动。这些多元参与者拥有不同的资源、知识和技术，在合作中形成互补关系，共同推动地区经济的创新发展。

其次，创新生态系统理论强调开放创新的观念。校企合作打破了传统的边界和壁垒，鼓励不同组织的跨界合作和知识交流。通过与高校的合作，企业可以获取先进的科研成果和专业知识，而高校则能够将研究成果应用于实践，实现知识的转化和技术的应用。这种开放创新的模式有助于加速创新的过程，提高地区经济的创新绩效。

再次，创新生态系统理论强调知识流动的重要性。在校企合作中，高校和企业之间的知识共享和技术转移起着关键的作用。高校作为知识创造和研究的重要场所，通过与企业的合作能够将其研究成果转化为实际应用。同时，企业通过与高校的合作能够获取最新的科研成果和专业知识，提升自身的创新能力。这种知识流动的互动促进了创新生态系统中的协同效应，推动了地区经济的创新能力和绩效的提升。

最后，创新生态系统理论还强调协同效应的重要性。校企合作能够整合不同组织的资源和能力，形成协同效应，进一步提高创新的效果和绩效。高校与企业之间的合作可以促进技术交流、人才培养和项目合作，共同推动创新项目的顺利进行和成果的实现。通过协同合作，校企合作能够发挥各方的优势，形成互利共赢的局面，促进创新生态系统的健康发展。

综上所述，创新生态系统理论提供了一种有益的分析框架来理解校企合作对地区经济创新绩效的影响。通过校企合作，不同组织和机构之间建立起联系和互动，形成一个促进创新的合作网络。多元参与者、开放创新、知识流动和协同效应是创新生态系统理论在解释校企合作对地区经济创新绩效影响方面的核心概念和原则。这一理论视角有助于深入理解校企合作的价值和作用，为地区经济的创新发展提供重要的指导和支持。

七、创新驱动理论

创新驱动理论作为研究创新活动的一个重要理论框架，关注创新的动力和机制，对于理解创新对校企合作的影响至关重要。

（一）创新驱动理论的概念

创新驱动理论是一种解释创新活动的理论框架，其核心观点是创新在经济和社会发展中具有关键地位。创新驱动理论认为创新是推动经济增长、提高竞争力以及实现可持续发展的重要因素。它着眼于创新的源泉、动力和机制，以及创新活动对组织和社会的影响。创新驱动理论不仅关注技术创新，还包括产品创新、组织创新和管理创新等多个层面。它旨在揭示创新活动的本质和规律，以提高创新绩效，推动经济转型和促进社会进步。

（二）创新驱动理论的内涵

创新动力：创新驱动理论强调创新活动的动力来源于技术、市场、组织和政策等多方面因素。技术进步是创新的重要动力，包括基础研究的突破、新技术的应用和技术集成的创新。市场需求和竞争压力也是创新的驱动力，激发企业不断改进和创造新产品和服务。组织内部的创新能力和文化以及政策支持和制度环境等也对创新活动具有重要影响。

创新机制：创新驱动理论关注创新活动的机制和过程。它研究创新的产生、传播和应用，以及创新活动中的关键因素和环境条件。知识流动和转化是创新机制的核心，涉及知识的获取、创造、共享和应用。合作与协同是创新的重要机制，包括产学研合作、跨界合作和创新网络等形式。组织学习和创新文化也是促进创新的重要机制。

创新效应：创新驱动理论认为创新活动对组织和社会能够产生重要影响。在组织层面，创新能够提高企业的竞争力、降低成本、改善产品质量，并促进组织的持续发展；在社会层面，创新能够推动经济增长、促进产业升级、创造就业机会，同时也对社会问题的解决和可持续发展具有重要作用。

（三）创新驱动理论的特征

多维视角：创新驱动理论从多个维度和层面解释创新活动。它不仅关注技术创新，还强调产品创新、组织创新和管理创新等多元化的创新形式。这种多维视角有助于深入理解创新的复杂性和全面性，从而更好地指导校企合作的创新实践。

动态变化：创新驱动理论认识到创新活动是一个动态的过程。创新驱动理论关注创新活动在不同阶段的演化和变革，以适应外部环境的变化和内部因素的发展。创新驱动理论强调创新的持续性和适应性，倡导组织在不断变化的市场需求和竞争压力下进行创新。

组织协同：创新驱动理论强调创新活动需要组织之间的合作和协同。创新往往需要不同组织之间的资源整合、知识共享和价值创造。产学研合作是创新驱动理论所倡导的一种重要合作形式，通过学校和企业之间的合作与协同，实现资源互补、知识转移和技术创新。

综合治理：创新驱动理论认为创新活动需要系统性的治理和支持。创新活动涉及多个主体和领域，需要政府、企业、高校和研究机构等各方的合作与协调。政府在创新驱动中发挥着重要作用，通过政策支持、资金投入和制度建设推动创新活动的开展。

创新驱动理论是研究创新活动的重要理论框架，强调创新的动力和机制，对于理解创新对校企合作的影响具有重要意义。创新驱动理论关注创新的源泉、动力和机制，以及创新活动对组织和社会的影响。它具有多维视角、动态变化、组织协同和综合治理等特征，为研究校企合作的创新绩效提供了理论基础。通过深入研究创新驱动理论，我们可以更好地把握校企合作中创新驱动的机制和路径，进一步推动创新驱动的校企合作实践。

八、多层次理论

（一）多层次理论的内涵

组织具有层层镶嵌的多层次结构，对高校来说，科研人员嵌套于院系中，院系嵌套于高校中，而高校嵌套于一个国家或地区的教育系统中。所以，需要将组织作为一个整合的系统，考虑层次之间的相互影响，在这样的背景下，多层次理论应运而生。多层次理论最初源于场论中个体与环境能够互动（相互作用与影响）的观点以及组织氛围的研究。进行相关研究的学者认为个人的态度和行为与所处的环境是息息相关的，比如社会学中的"洼池效应"，因此在研究组织中个体的行为时，需要综合考虑个体差异与组织情境的作用，也就是说要从"多层次"的视角进行研究。

多次层理论认为在研究组织内个体的行为时不能仅从宏观组织层次视角或微观个体层次视角去思考，而应该从跨层次视角进行思考（thinking multilevel），综合考虑组织层次和个体层次的影响因素。跨层次的研究框架如图 2 − 4 所示。

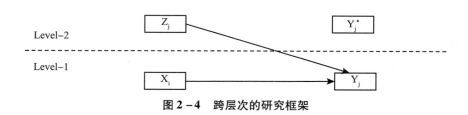

图 2 − 4　跨层次的研究框架

（二）多层线性模型（HLM）的基本原理

多层次理论指出了影响个体的因素可能来自不同的层次，而传统的一般线性模型（General Linear Models）只能处理单一层次变量间的关系。在这样的背景下，20 世纪 90 年代初，布赖克等（Bryk et al.，1992）扩展了一般线性模型，提出了针对多层次数据结构的多层线性模型（Hierarchical Linear Model，HLM），该方法能够在一定程度上克服传统统计方法（如回归分析等）在处理多层次嵌套数据中的局限。

近年来，多层线性模型的方法在布赖克、劳登布什等学者的不断完善下，已经被广泛应用于管理学、经济学、心理学和社会学等多个学科领域。多层次模型可以具体细分为五种类型：跨层次直接效果模型（Cross-Level Direct-effect Models），该模型用来研究较高层次自变量对较低层次因变量的影响（自变量和因变量的层级不可互换）；跨层次调节效应模型（Cross-Level Moderating Models），该模型在第一类模型的基础上引入了调节变量，调节变量可以来自较高层次也可以来自较低层次；跨层次中介效应模型（Cross-Level Meditaing Models），该模型在第一类模型的基础上引入了中介变量，如果中介变量来自较高层次，则称为"2 - 2 - 1"跨层次中介效应模型，而假如中介变量来自较低层次，则称为"2 - 1 - 1"跨层次中介效应模型；跨层次青蛙池塘效应（Cross-Level Frog-Pond Models），可以检验较低层次的个人在较高层次中的相对位置对较低层次的结果变量的影响；一致的多层次模型（Homologous Multilevel Models），在该模型中，两个或两个以上变量之间的关系可能同时存在于个人、团队以及组织的多个层次中。

多层线性模型一般包含两个层次或三个层次，本研究以层次 1 和层次 2 各包含一个变量的基本二阶线性模型为例，介绍多层线性模型的基本原理。

在基本二阶线性模型中，结果变量（因变量）必须为层次 1 的变量（Level - 1 变量），自变量是在 Level - 1 和 Level - 2 都存在的变量，为便于理解，本书假定 Level - 1 为科研人员，Level - 2 为科研团队。

如果科研团队层次的自变量是由科研人员层次的变量聚合而成（比如利用问卷获得的数据），则在分析之前首先需要计算 3 个指标：自变量的组内一致度（within-group agreement），一般用符号 γ_{wg} 表示；组间相关（1）或 ICC（1）；组间相关（2）或 ICC（2）。

（1）组内一致度 γ_{wg} 是指评分者（比如同一个科研团队内的科研人员）对构念相同的反应程度，其计算公式如式（2-1）所示。

$$\gamma_{wg(j)} = \frac{J\left[1 - (s_{xj}^2)/\sigma_{EU}^2\right]}{J\left[1 - (s_{xj}^2/\sigma_{EU}^2)\right] + s_{xj}^2/\sigma_{EU}^2} \qquad (2-1)$$

式（2-1）中，$\gamma_{wg(j)}$ 是指 J 个平行的问项上所有回答者的组内一致度，s_{xj}^2 是指在 J 个问项上所观察到的方差的平均数，而 σ_{EU}^2 是假设所有回答者只存在随机测量误差下所期望的方差。目前管理学界公认的基本原则是群体的组内一致度 γ_{wg} 的中位数或平均数如果大于 0.7，则表明对个体层次的变量聚合有足够的一致度。

（2）组内相关（1）或 ICC(1)。除了验证评分具有充分的组内一致度之外，研究者在聚合较低层次变量到高层次之前，还需要检测是否有足够的组间差异。

通过 HLM 分析将因变量方差分为组间方差（Between-Group Variance）与组内方差（Within-Group Variance），因变量的总方差等于组间方差加上组内方差，于是可以通过式（2-2）计算出因变量的 ICC(1)。根据詹姆斯（James，1982）建议的标准，如果 ICC（1）大于 0.12，说明组内相关较强。

$$ICC(1) = \frac{\text{组间方差}}{\text{组间方差} + \text{组内方差}} \qquad (2-2)$$

（3）组内相关（2）或 ICC(2)。ICC（2）是群体平均数的信度，也就是低层次变量聚合为高层次变量时，此变量的信度。它与 ICC(1) 和群体大小有关，如式（2-3）所示，一般认为 ICC（2）最好要达到 0.7，但有学者认为若聚合获得理论支持且有高的 γ_{wg} 并且存在显著的组间方差，即 ICC（1）显著高于 0.12，即使有相对较低的 ICC(2) 聚合也是可行的。

$$ICC(2) = \frac{k(ICC(1))}{1 + (k - 1)ICC(1)} \qquad (2-3)$$

多层次模型分析一般包括如下四个步骤。

步骤 1：构建零模型（Null Model）

零模型只包含因变量，不包含任何自变量，其是 HLM 的基础，见式（2-4）和式（2-5）。

$$Level-1\ Model: Y_{ij} = \beta_{0j} + r_{ij} \qquad (2-4)$$

$$Level - 2\ Model : \beta_{0j} = \gamma_{00} + u_{0j} \qquad (2-5)$$

在上述模型中，因变量 Y 为科研人员层次变量，β_{0j} 是第 j 个科研团队变量 Y 的平均数，γ_{00} 是变量 Y 的总平均数，r_{ij} 的方差（σ^2）是变量 Y 的组内方差，u_{0j} 的方差（τ_{00}）是变量 Y 的组间方差。

由于多层次模型假设因变量 Y 可由科研人员层次与科研团队层次的变量来预测，所以必须显示出因变量 Y 在科研人员层次与科研团队层次上皆有变异存在，所以在零模型这一步骤中，要计算出因变量 Y 的组间方差 σ^2 和组内方差 τ_{00}，总方差 $= \sigma^2 + \tau_{00}$，由此计算因变量 Y 的组内相关 $ICC(1) = \tau_{00}/(\sigma^2 + \tau_{00})$，如果 $ICC(1)$ 大于 0.12，说明组内相关较强，即变量 Y 有较强的组间变异，此时不宜以一般的回归模型进行分析，应该采用 HLM 模型加以分析。

步骤2：构建随机参数模型

在第一步零模型的基础上，这一步骤加入科研人员层次的变量，不加入科研团队层次的变量，这一过程一般被称为随机参数模型，见式（2-6）至式（2-8）。

$$Level - 1\ Model : Y_{ij} = \beta_{0j} + \beta_{1j}(Z) + r_{ij} \qquad (2-6)$$

$$Level - 2\ Model : \beta_{0j} = \gamma_{00} + u_{0j} \qquad (2-7)$$

$$\beta_{1j} = \gamma_{10} \qquad (2-8)$$

在上述模型中，Z 为科研人员层次的自变量，γ_{00} 为跨团队截距项的平均数；γ_{10} 为跨团队斜率的平均数。此模型用来检验 Level - 1 的主效果以及因变量的组间变异。

步骤3：构建截距项预测模型

这一步骤中，在随机参数模型的基础上，将科研团队层的变量 X 加入模型中，见式（2-9）至式（2-11）。

$$Level - 1\ Model : Y_{ij} = \beta_{0j} + \beta_{1j}(Z) + r_{ij} \qquad (2-9)$$

$$Level - 2\ Model : \beta_{0j} = \gamma_{00} + \gamma_{01}(X) + u_{0j} \qquad (2-10)$$

$$\beta_{1j} = \gamma_{10} \qquad (2-11)$$

上述模型中，γ_{01} 为科研团队层面自变量 X 对科研人员层自变量 Y 的影响效果。

步骤 4：构建混合模型

在这一步骤中，将 Level – 1 和 Level – 2 的所有变量都加入模型中，用来估计 Level – 1 和 Level – 2 的自变量影响因变量的总体趋势，见式（2 – 12）。

$$Y_{ij} = \gamma_{00} + \gamma_{01}(X) + \gamma_{10}(Z) + u_{0j} + r_{ij} \qquad (2-12)$$

本 章 小 结

这章对本书中接下来要出现的概念和理论进行了界定和概述，包括校企合作、科研绩效、社会资本、技术能力、高校专利产出、企业技术创新的概念；介绍了产学研合作相关理论（包括国家创新系统理论、三螺旋理论、开放式创新理论）、社会资本理论、组织氛围理论、资源基础理论、战略管理理论、创新生态系统理论、创新驱动理论和多层次理论。

第三章　校企合作对高校科研
创新绩效的影响

随着社会经济的快速发展和知识经济的兴起，高校科研创新的重要性日益显现。高校作为知识创造、传播和应用的重要场所，承载着培养人才、推动科学研究和创新的使命。高校科研创新的绩效不仅对学校的声誉和竞争力有重要影响，也对社会经济发展和国家创新能力的提升有重要意义。然而，高校在科研创新过程中面临一些困境，包括研究资源不足、产学研结合不紧密、科研成果转化难度大等。在这样的背景下，校企合作作为一种合作模式备受关注。

校企合作是指高校与企业之间基于互利共赢的合作关系，通过共享资源、共同研发等方式，推动双方的科研创新和发展。校企合作可以弥补高校科研创新中资源和实践经验的不足，促进科研成果的转化和应用，提高科研创新的绩效。同时，校企合作也为企业提供了更多的科技支持和创新成果，推动企业的技术升级和竞争力提升。因此，校企合作对高校科研创新绩效的影响具有重要意义。

深入研究校企合作对高校科研创新绩效的影响，对于推动高校科研创新能力的提升和促进校企合作的发展具有重要意义。具体来说，研究校企合作对高校科研创新绩效的影响具有以下重要性和意义。

（1）提升科研成果的转化与应用。校企合作为高校提供了与实际应用场景接轨的机会，帮助高校科研成果更好地转化为实际生产力。通过与企业合作，高校能够更加了解市场需求，加强科研成果的应用性和可操作性，提高科研成果的转化率，提高科技成果的经济效益和社会效益。研究校企合作对高校科研创新绩效的影响，可以为高校提供指导和借鉴，促进科研成果的有效转化和应用。

（2）促进科研创新能力的提升。校企合作为高校提供了更多的研究资源和实践机会，促进了科研团队的交流与合作，拓宽了科研创新的思路和视野。通过与企业合作，高校教师和研究人员可以获得来自实际应用领域的反馈和需求，激发创新灵感，提高科研创新的质量和效率。研究校企合作对高校科研创新绩效的影响，可以帮助高校深入了解如何通过与企业合作提升科研创新能力，提高科研绩效的水平。

（3）促进经济发展和社会进步。高校科研创新的绩效不仅对高校自身具有重要意义，也会对社会经济发展和国家创新能力的提升产生积极影响。通过与企业合作，高校的科研成果可以更好地应用于产业发展，推动企业的技术创新和升级，促进经济发展的转型升级。同时，高校的科研成果也可以为社会问题的解决提供创新方案，推动社会进步和可持续发展。研究校企合作对高校科研创新绩效的影响，有助于进一步探索高校与企业合作的模式和机制，为社会经济的发展和创新能力的提升作出贡献。

总之，研究校企合作对高校科研创新绩效的影响具有重要的背景和研究意义。通过深入研究校企合作对高校科研创新绩效的影响，可以为高校科研创新能力的提升提供理论支持和实践指导，促进校企合作的深入发展，实现高校科研创新与社会经济发展的良性互动。

第一节　组织层次下校企合作对高校科研绩效的直接影响

一、理论分析与研究假设

（一）组织层次视角下校企合作对高校整体科研绩效的直接影响

大学的主要任务是教学和科研，而随着近年来大学与企业、科研机构、政府和各类中介机构合作的增多，其第三种职能（third mission）——对企业等组织进行知识或技术转移，获得了国内外大学的认可和政府的支持，并受到国内外学者的广泛关注。

　　美国、德国和日本等发达国家从 20 世纪 70 年代开始就对大学与企业合作进行了探索，在一系列配套政策的支持下，知识生产单元（如大学和科研机构等）和知识使用单元（如企业）之间的知识及技术转移行为取得了明显的效果，对这些国家长期经济发展及国家核心竞争力的提升都起到了重要的推动作用。

　　随着国家创新系统理论、三螺旋理论和开放式创新等理论在世界范围内被广泛认同，20 世纪 90 年代以来，我国政府也开始大力倡导校企合作，在 20 多年的发展过程中校企合作遇到了许多问题。从内部机制来说，校企合作存在上下游发展不协调、科研成果转化率低，合作层次不深、模式单一、风险承担和利益分配机制不完善等问题；从外部条件来说，校企合作存在政策法规不到位、信息管理制度不完善、产权制度不明晰等问题。

　　虽然存在上述问题，近年来高校与企业在合作广度和深度两方面都稳步提升。同时，随着校企合作的增多，其对高校科研绩效会有怎样的影响这一问题近年来引起了国内外学者的关注。通过第一章对国内外文献的回顾，本书发现目前对这一问题的研究主要停留在个体层次，也就是高校科研人员与企业的合作对其科研绩效的影响上，而在组织层次方面的相关研究成果相对较少。在组织层次研究中，已有的研究主要有两种观点。

　　第一种观点认为校企合作不仅能够为高校带来可观的科研经费，而且高校在发挥其第三种职能时，高校也能获得来自企业对技术应用和市场方面的最新知识，从而有利于高校应用研究的发展，所以校企合作对高校的科研绩效有正向的影响。例如，基于 89 所美国研究型大学 18 年的面板数据，欧文·史密斯（2001）发现校企合作极大改变了高校内部竞争的规则，而且两者是一种互补的关系，也就是说校企合作能够提升高校的科研绩效。有学者利用台湾 141 所高校的相关数据，实证研究了组织层次的校企合作对高校学术创新绩效的影响。研究发现有校企合作的高校，其学术创新绩效更高（Huang M-H & Chen D-Z，2017）。

　　有学者指出，高校与企业的紧密联系能增强高校内部研究人员的适应性（flexibility）和自治性（autonomy）。因此，校企合作有助于促进大学传统的科研和教学活动（2016）的开展。梁黎明等（Liang Liming et al.，2011）研究了中国高校在校企合作研究中的作用。通过 1997～2007 年中国知网数据库中宝钢集团与和中国石油集团这两家大型企业与其他高校的合作文章，梁黎明发现校企合著的文章数量增长迅速，占全部论文的比例也有增加，而且校企合著论文的被引数和下载量都更高。

持另一种观点的学者认为虽然高校与企业合作能够带来科研经费和新知识等好处，但是大学与企业合作时，各自的目的一般是不同的，大学通常追求基础科研领域的突破，而企业通常更加看重短期的商业利益而不是长期的科研产出，这种目的的冲突有可能使大学的科学研究方向从基础研究转向应用研究，虽然应用研究从短期看也许与基础研究项目在科研产出上相差不多，但从长期来看基础研究的科研绩效更高，所以这种研究方向上的偏移可能会对科研绩效产生负向作用。还有学者认为大学与企业合作时，高校会受到企业方对科研成果保密性方面的要求，这会阻碍或推迟科研成果的公开发表，从而降低高校科研人员的科研绩效。

综上，虽然校企合作对高校科研绩效是正向还是负向影响这一问题目前在学术界还没有达成共识，但有较多学者认同高校获得包括企业资金在内的多元化科研资源对其科研绩效的提升具有正向影响。同时，在认为校企合作对高校科研绩效具有负向影响的学者中，也有学者认为只有合作强度较高的校企合作才会对高校科研绩效产生负向影响。此外，有学者通过实证研究发现，在组织或团队层次，校企合作与高校科研绩效之间并不完全是简单的线性关系，如王元地等（2015）研究了多种校企合作模式对高校科研绩效的影响，他们定义了两种校企合作战略：合作宽度和合作深度。其中，合作宽度是指不同合作模式的范围，合作深度是指大学深入不同模式的程度。基于中国多所大学2009~2013年的面板数据，王元地等发现合作宽度对高校科研绩效具有线性正向影响，而合作深度对高校科研绩效具有曲线的倒"U"型影响。基于西班牙一所大学137个科研团队2006~2010年的相关数据，阿吉亚兹等（2016）研究发现校企合作强度（UIC Intensity）较低时，其与高校科研团队科研产出之间是互补的关系，而当校企合作强度升高到一定程度时，两者会变为替代关系。

本书将校企合作为高校带来的科研经费和新知识等对高校科研有益的因素看作是校企合作的收益，而将校企合作给高校带来科研成果保密性问题以及可能会使高校科学研究方向从基础研究向应用研究"偏移"的问题等对高校科研不利的因素看作是校企合作的成本。

假设某些高校起初没有与任何企业合作，也就是处于封闭的状态，那么当高校逐渐开放并与一些企业开展合作时，这时校企合作程度较低，"偏移"问题和保密性问题对科研绩效的负向作用较小，但校企合作为高校带来了新知识和科研经费可能会促进高校在应用研究方面的科研产出，因此，本书认为在校企合作程度较低时，校企合作的边际收益大于边际成本，如图 3 - 1 所示。

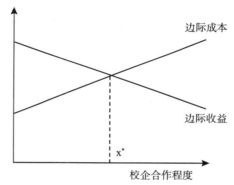

图 3 - 1 校企合作的边际收益与边际成本关系

从图 3 - 1 中可以看到，随着校企合作程度的加深，新知识和来自企业的科研经费等因素对高校科研绩效的提升幅度会减弱，也就是边际收益会递减。然而，随着校企合作程度的加深，研究方向的"偏移"问题和研究成果的保密性问题对科研产出的影响可能会越来越严重，校企合作的边际成本随之递增，最终在校企合作程度高于某一点（图 3 - 1 中的 x^*）后，边际成本高于边际收益，此时高校科研绩效达到最高点。在这之后，继续提升校企合作程度会对高校科研绩效有负向影响，也就是说校企合作对高校科研绩效的影响为倒"U"型，如图 3 - 2 所示。

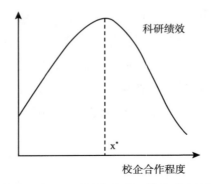

图 3 - 2　预期的校企合作程度对高校科研绩效影响的倒 "U" 型曲线

根据以上分析，提出假设 3 - 1。

假设 3 - 1：组织层次视角下校企合作对高校整体科研绩效的影响呈倒 "U" 型。

（二）组织层次视角下高校类型的调节作用

高校的某些特定属性能够影响校企合作与高校科研绩效之间的关系，本书按照高校科研能力的强弱，将高校分为研究型大学和非研究型大学，并研究高校类型对校企合作与高校科研绩效之间关系的调节作用。

研究型大学的概念诞生于 19 世纪的德国柏林大学，它开创了大学 "教学与科研相结合" 的先河。这一办学理念后来被引入美国，20 世纪 70 年代初，美国卡内基教育促进基金会最早提出了研究型大学的定义及分类标准，并引发了世界范围内的研究。

当研究型大学这一概念在全世界得到推广后，在研究大学分类问题时，大多数学者都按照科研能力的强弱将高校分为研究型大学（或学术型大学）和其他类型的大学。比如潘懋元等（2009）参照国际教育标准分类，结合中国高等教育的实际，将我国高等学校分为三种基本类型：学术型大学、应用型本科高校和职业技术院校。武书连（2002）提出在对中国高校的类型进行划分时，分类标准应该分为类和型两部分，其中 "类" 反映高校的学科特点，而 "型" 反映高校的科研规模。按科研规模的大小，武书连提出将现有高校分为研究型、研究教学型、教学研究型、教学型。

随着产学研合作受到国内外学者的广泛关注，有学者对研究型大学对企业的技术转移的形式、机构建设、模式与制度安排等方面进行了研究，也有学者对研究型大学在产学研结合中的作用和应该扮演的角色进行了探讨。

研究型大学的主要任务之一是学术研究，与一般大学相比，有更为优良的科技资源和更强的科技开发与创新能力。这一方面会使研究型大学相对一般大学具有更高的科研绩效，另一方面也会使企业在选择校企合作伙伴时通常会优先考虑研究型大学。事实上，近年来"211"及省部共建高校获得的企事业单位委托经费占全体高校总数的70%左右（《高等学校科技资料统计汇编》）。研究型大学与企业的全面深入合作对其拓宽科研经费来源渠道、发挥社会服务职能以及向企业进行技术转移是有利的。但已经有学者指出，高强度的校企合作会使高校在研究方向上发生"偏移"（skewing），从基础研究转向应用研究，而佩克曼等学者的研究指出相对于应用研究，基础研究更可能产出有价值的知识，所以对研究型大学来讲，高强度的校企合作对其科研绩效的负向影响会比非研究型大学更大。

相对于研究型大学，非研究型大学能够获得来自政府的科研经费更少，如果其校企合作度提高，则获得来自企业的科研经费增多，可能会对应用研究有较大帮助，从而提高其整体科研绩效。所以本书认为研究型大学为了达到科研绩效最优点所需的校企合作度比非研究型大学更低。

综上，本书认为校企合作对研究型大学与非研究型大学的科研绩效有不同的影响，也就是说高校类型对校企合作与高校科研绩效之间的关系具有调节作用。鉴于上文中已经假设校企合作对高校科研绩效的影响是倒"U"型的，所以本书假设研究型大学会以相对较低的校企合作强度达到比非研究型大学更高的科研绩效点。

根据以上分析，提出假设3-2和两个分假设。

假设3-2：高校类型对校企合作与高校整体科研绩效的关系具有显著的调节作用。

假设3-2（a）：与非研究型大学相比，研究型大学与企业的合作对高校整体科研绩效影响的倒"U"型曲线具有更高的极值点。

假设3-2（b）：与非研究型大学相比，研究型大学与企业的合作对高校整体科研绩效影响的倒"U"型曲线会在较低校企合作强度的情况下到达极值点。

二、研究设计

（一）样本选择与数据来源

本书以我国 88 所普通高校 2007～2015 年的面板数据为样本，共 792 个观测样本。高校遍布华北、东北、西北、华东、中南及西南地区，包含部分"985"高校和其他本科高等学校，但是不包含高等专科学校和"211"高校中的非"985"高校，所有数据均来自 2008～2016 年教育部发布的《高等学校科技统计资料汇编》。

（二）变量定义

（1）因变量：高校整体科研绩效（Research Performance of Universities）。借鉴王元地等（2015）和博赞曼等（Bozeman et al.，2005）等的研究，本书以高校每年发表的论文总数来衡量高校组织的科研绩效，以教育部每年发布的《高等学校科技统计资料汇编》中高校学术论文合计（篇）为准。

（2）自变量：校企合作强度（UIC Intensity）。借鉴班纳－锡等（2002）和德埃斯特等（2011）的研究，本书用校企合作的资金占高校总科研经费的比例衡量高校组织层次的校企合作强度。用校企合作资金占总科研经费的比例可能不是衡量校企合作强度的完美变量，因为校企合作还有其他渠道。但是，这些渠道都与从企业获得的直接科研经费高度相关，所以本书用其衡量校企合作强度是能够被接受的。

（3）调节变量：高校类型（Types of University）。本书将高校类型分为研究型大学和非研究型大学，设置虚拟变量来衡量高校类型，如果高校为研究型大学则其值为 1，非研究型大学值为 0。目前国内还没有官方机构对研究型大学进行评定，而国内学术界对哪些高校为研究型大学也有不同看法，比如佟福锁（2003）认为大多数"211 工程"高校都符合研究型大学的标准，并提出我国研究型大学在 80 所左右。而侯光明等（2005）认为只有"985 工程"高校才更符合研究型大学的标准。

为避免争议，本书选定的 27 所研究型大学是由三个影响最广的大学排行榜——上海交大世界大学排行、艾瑞深大学排行和武书连大学排行共同确定的，这 27 所高校全都为"985 工程"大学及"211 工程"大学，分别是北京大学、清华大学、浙江大学、上海交通大学、复旦大学、中国科学技术大学、华中科技大学、北京师范大学、哈尔滨工业大学、武汉大学、南京大学、中山大学、西安交通大学、北京航空航天大学、中南大学、中国农业大学、大连理工大学、吉林大学、兰州大学、南开大学、山东大学、四川大学、华南理工大学、东南大学、同济大学、厦门大学、天津大学。而其他 61 所非研究型大学则全部为非"211 工程"的普通本科高等院校。

（4）控制变量。控制变量如下。①纵向科研经费（Government Funding）。高校整体科研绩效与高校每年获得来自政府的纵向科研经费是密切相关的，莫得等（Moed et al.，1998）和支等（Zhi et al.，2016）学者研究发现来自政府的纵向科研经费对高校科研绩效有重要影响，所以本书引入纵向科研经费作为主要控制变量之一。②高校是否具有国家承认的技术转移机构（TTO）。兰加等（Ranga et al.，2016）和王元地等学者认为高校设立技术转移机构是高校促进技术转让的重要结构性变革，并且对校企合作有重要影响，所以本书引入其作为控制变量之一。设置虚拟变量，如果高校具有国家承认的技术转移机构则其值为 1，否则为 0。数据来源于《国家技术转移示范机构》名单。③人力资源投入（Human Resource）。高校的人力资源投入情况对科研绩效有重要影响，并且大学有较多的科研人员也意味着有更多的机会与企业进行合作，本书用大学全时研究人员数量作为衡量指标。④时间虚拟变量（Year Dummies）。由于中国社会和经济的快速增长，学术研究可能会受到时间效应的影响。为了控制时间效应的影响，本书设置了时间虚拟变量。

最后，按照 1% ~99% 水平对所有连续变量的极端值进行缩尾处理。同时，为尽量避免内生性以及考虑到投入产出可能存在一定滞后期，本书参照其他学者的做法，分析中解释变量及控制变量（时间虚拟变量除外）均以滞后项形式进入回归分析。各变量定义汇总如表 3 - 1 所示，括号中的内容为变量简称。

表 3-1   **变量定义**

变量类型	变量名称	变量说明
因变量	高校整体科研绩效（RP）	高校每年发表的总论文数
自变量	校企合作强度（UICI）	企事业单位委托科研经费/总科研经费
调节变量	高校类型（Type）	研究型大学，赋值为1；否则赋值0
控制变量	纵向科研经费（GF）	高校获得来自政府的科研经费
	人力资源投入（HR）	高校全时科研人员数量
	技术转移机构（TTO）	高校具有相关部门承认的技术转移示范机构，赋值为1；否则赋值为0

（三）模型构建

1. 校企合作影响高校整体科研绩效的直接效应模型

密特隆（Metron）指出科学研究中存在累积优势以及由此而形成的"马太效应"，同时鉴于解释变量内生和本书选用的数据具有"截面维度大，时间维度小"的特点，本书将因变量的滞后变量加入到模型中，采用动态面板数据模型进行估计。基本模型如式（3-1）所示，式（3-1）用于分析校企合作对高校科研绩效的直接影响。其中，因变量为科研绩效（RP），$RP_{i,t-1}$ 为因变量的滞后项，自变量为 $UICI_{i,t-1}$，$UICI_{i,t-1}^2$ 为 $UICI_{i,t-1}$ 的平方项，Year dummies 表示时间虚拟变量。

$$RP_{i,t} = \beta_0 + \beta_1 RP_{i,t-1} + \beta_2 UICI_{i,t-1} + \beta_3 UICI_{i,t-1}^2 + \beta_4 GF_{i,t-1} + \beta_5 HR_{i,t-1}$$
$$+ \beta_6 TTO_{i,t-1} + \beta_7 Type + Year\ dummies + \varepsilon \qquad (3-1)$$

2. 引入高校类型变量的调节效应模型

为进一步验证组织层次视角下高校类型对校企合作与高校科研绩效关系的调节作用，引入校企合作强度与高校类型的交互项，构建式（3-2）。

$$RP_{i,t} = (\beta_2 + \beta_8 Type) \times UICI_{i,t-1} + (\beta_3 + \beta_9 Type) UICI_{i,t-1}^2 + (\beta_0 + \beta_1 RP_{i,t-1}$$
$$+ \beta_4 GF_{i,t-1} + \beta_5 HR_{i,t-1} + \beta_6 TTO_{i,t-1} + \beta_7 Type + Year\ dummies) + \varepsilon$$
$$(3-2)$$

其中，Type 为高校类型变量，$UICI_{i,t-1} \times Type$ 为校企合作强度（UICI）与高校类型（Type）的交互项，$UICI_{i,t-1}^2 \times Type$ 为校企合作强度的平方与高

校类型（Type）的交互项。

三、实证分析

（一）变量描述性统计、相关分析与多重共线性检验

变量的描述性统计与相关分析结果如表 3 - 2 所示。其中，科研绩效（RP）的单位为千篇，纵向科研经费（GF）的单位为亿元。从表 3 - 2 中可以看出：（1）校企合作强度最大值为 0.817，最小值为 0.0005，标准差为 0.205，说明校企合作强度在高校间存在明显差异；（2）高校类型（Type）的均值为 0.307，技术转移机构（TTO）的均值为 0.443，说明研究样本中有将近三分之一的高校为研究型大学，有将近一半的高校都拥有国家承认的技术转移机构；（3）校企合作强度与高校类型的相关系数较小且为负值（-0.181），说明研究型大学的校企合作强度相对较低；（4）控制变量（GF、Res、TTO）与高校科研绩效（RP）的相关系数都在 0.5 以上，并且都与因变量相关性显著，说明选用这些变量作控制变量是适合的。

表 3 - 2   变量的描述性统计和相关性分析

变量	均值	标准差	最小值	最大值	1	2	3	4	5
RP	2.952	3.564	0.302	16.815	1.000	—	—	—	—
UICI	0.312	0.205	0.0005	0.817	-0.096 ***	1.000	—	—	—
Type	0.307	0.461	0	1	0.765 ***	-0.181 ***	1.000	—	—
GF	3.368	5.281	0.09	25.87	0.637 ***	-0.129 ***	0.549 ***	1.000	—
Res	1.035	1.253	0.101	6.352	0.831 ***	-0.161 ***	0.698 ***	0.519 ***	1.000
TTO	0.443	0.497	0	1	0.567 **	0.031	0.597 ***	0.389 ***	0.511 **

注：*、** 和 *** 分别表示在 10%、5% 和 1% 的显著水平上显著。

从表 3 - 2 可知，除了被解释变量与解释变量之间具有较高的相关系数外，一些解释变量之间也有显著相关性存在，这种相关性可能导致多重共线性问题的出现。为验证解释变量之间是否存在共线性问题导致影响研究结果，本书做了共线性（VIF）检验。利用 VIF 值来检验解释变量内部可能存在的

多重共线性问题，结果如表 3 – 3 所示，解释变量的 VIF 值平均为 1.78，最高为 2.53，远小于 10，这说明不存在严重的多重共线性问题。

表 3 – 3   VIF 检验

变量	UICI	TYPE	GF	HR	TTO
VIF 值	1.08	2.53	1.52	2.11	1.66

图 3 – 3 为高校科研绩效（RP）在不同高校的时间趋势图（2007～2015年）。其中，横坐标为时间（2007～2015），纵坐标为各高校的科研绩效。从图 3 – 3 可以看到，作为研究样本的高校，在 2007～2015 年，其科研绩效大部分保持稳定或呈上升趋势，只有少数几个样本的时间 – 科研绩效曲线呈不规则或下降趋势。

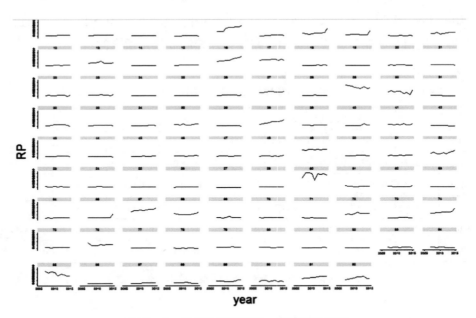

图 3 – 3   样本高校的时间 – 科研绩效趋势

（二）数据平稳性检验

为了检验面板数据的平稳性，需要首先对面板数据进行单位根检验，如果面板数据在 0 阶不存在单位根则说明此面板数据平稳，可以继续进行回归，不存在伪回归问题；如果数据在 0 阶存在单位根但经过差分后平稳，则需继续进行协整检验，若数据通过了协整检验，说明此数据存在长期的协整关系，可以继续进行回归。

对面板数据进行单位根检验的方法主要有 LLC（Levin-Lin-Chu）检验、IPS（Im-Pesaran_Skin）检验、Breitung 检验、Hadri 检验和 ADF-Fisher 检验等，其中 LLC、Breintung 适用于"同根"的情形，IPS、ADF-Fisher 和 PP-Fisher 适用于"不同根"的情形。本书采用最经常被选用的两种面板数据单位根检验方法，即相同根情况下的单位根检验 LLC 检验和不同根情况下的单位根检验 IPS 检验共同验证面板数据的平稳性。LLC 检验和 IPS 检验的原假设都为面板数据含有单位根，如果这两种检验结果均拒绝原假设，说明此面板序列是平稳的，具有均值回复的性质，对其进行回归不存在伪回归，检验结果见表 3 - 4。

表 3 - 4　　　　　　　　　　　　单位根检验结果

变量	LLC 检验	IPS 检验	是否平稳
RP	- 8. 332 ***	- 4. 927 ***	是
UICI	- 30. 841 ***	- 5. 405 ***	是
GF	- 7. 753 ***	- 3. 262 ***	是
HR	- 10. 598 ***	- 1. 684 **	是

注：*、** 和 *** 分别表示在 10%、5% 和 1% 的显著水平上显著。

从表 3 - 4 可知，变量都是 0 阶单整的，原面板数据不存在单位根，对此面板数据可以进行回归分析，不存在伪回归问题。

四、回归分析

由于研究模型中引入了被解释变量的滞后项，导致解释变量与随机扰动项相关，并且其他解释变量也可能存在内生性问题，此时固定效应估计量和随机效应估计量都是有偏的，必须借助工具变量进行估计，估计方法主要有两阶段差分广义矩（Diff_GMM）估计法和系统广义矩（Sys_GMM）估计法。其中，系统广义矩可以同时利用变量的差分变化和水平变化的信息，在实证研究中得到了广泛的使用，因此本书选用系统广义矩（Sys_GMM）模型对数据进行回归分析。

阿德里亚诺和博弗（Arellano and Bond S，1991）指出运用系统广义矩估计法时应该判断估计量的一致性和工具变量的有效性，本书利用 AR(2) 序列相关检验和 Sargan 过度识别检验来进行判断。Sys-GMM 估计量一致性则要求一阶差分后的扰动项不存在二阶序列相关，也就是不能拒绝 AR(2)，但一阶序列相关是允许的。而 Sargan 检验时，如果检验值较小（对应 p 值较大），就应接受工具变量合理的原假设。

具体回归结果如表 3 - 5 所示。从模型 1 到模型 4，AR(1) 检验的 p 值都小于 0.1 而 AR(2) 检验的 p 值都显著大于 0.1，也就是说系统广义矩估计法的差分残差项存在一阶序列相关，但不能拒绝模型一阶差分后的扰动项没有二阶序列相关的原假设，因此系统广义矩估计量是一致的，模型设定合理。Sargan 检验不能拒绝原假设，说明模型中工具变量的选择是可靠的，系统广义矩估计法是有效的。

表 3 - 5　　　　　　　　　　　面板数据回归结果

变量	模型 1	模型 2	模型 3	模型 4
$RP_{i,t-1}$	0.105 *** (0.00976)	0.048 *** (0.00142)	0.0457 *** (0.00142)	0.0374 *** (0.0024)
$HR_{i,t-1}$	0.901 *** (0.00275)	0.912 *** (0.0051)	0.888 *** (0.00364)	0.861 *** (0.00516)
$GF_{i,t-1}$	0.449 *** (0.00662)	0.442 *** (0.00873)	0.484 *** (0.00725)	0.627 *** (0.0174)
$TTO_{i,t-1}$	0.235 (0.498)	0.411 (0.368)	0.437 (0.392)	0.378 (0.603)
Type	—	5.257 *** (0.0675)	5.085 *** (0.0731)	5.378 *** (0.0765)

续表

变量	模型 1	模型 2	模型 3	模型 4
$UICI_{i,t-1}$	—	4.235 *** (0.662)	3.368 *** (0.223)	6.887 *** (1.35)
$UICI_{i,t-1}^2$	—	—	−4.948 *** (0.403)	−7.203 *** (1.297)
$UICI_{i,t-1} \times Type$	—	—	—	4.795 *** (0.865)
$UICI_{i,t-1}^2 \times Type$	—	—	—	−15.235 *** (1.461)
AR(1)	0.067	0.067	0.059	0.057
AR(2)	0.818	0.778	0.818	0.492
Sargan 检验	0.16	0.151	0.164	0.72

注：（1）***、** 和 * 分别表示在 1%、5% 和 10% 的水平上显著，系数下方括号内的数字是异方差稳健标准差；（2）Arelleno-Bond 一阶、二阶序列相关检验 AR（1）和 AR（2）报告的是 z 统计量对应的 p 值；（3）Sargan 过度识别检验和 Wald 检验报告的是 chi2 对应的 p 值；（4）在回归分析时，除了时间虚拟变量外，本书将所有解释变量当作内生变量来处理；（5）时间虚拟变量和常数项不是关注变量，故未在表中列出。

从表 3 - 5 可以看到，模型 1 ~ 模型 4 中被解释变量的滞后项 $RP_{i,t-1}$ 都在 0.01 水平上显著为正，说明高校的科研产出绩效具有动态效应，本期的科研产出绩效会对下一期的科研产出绩效产生显著影响，间接证明了科学研究中"马太效应"的存在。

表 3 - 5 中模型 1 是基础模型，研究控制变量与高校科研绩效的关系，从回归结果可以看出，高校人力资源和纵向科研经费变量都在 0.01 的水平上与高校整体科研绩效显著正相关，而高校是否具有国家承认的技术转移机构对高校科研绩效的影响不显著。根据国外学者的研究，技术转移机构能够改变高校技术转移方式并且能够影响校企合作创新的绩效，但是本书的研究结果显示，其并不能影响高校整体的科研绩效，这一结果进一步验证了王元地等的研究结论。模型 2 中加入了解释变量校企合作强度（UICI）和调节变量高校类型（Type），回归结果显示，UICI 和 Type 与高校整体科研绩效在 0.01 水平上显著正相关。

模型 3 中加入了被解释变量的平方项 $UICI_{i,t-1}^2$，回归结果显示，$UICI_{i,t-1}^2$ 与高校整体科研绩效在 0.01 的水平上显著负相关。综上可知，校企合作对高校科研绩效具有正向的促进作用，随着校企合作强度的增加这种正向促进作用会达到一个最高点，超过这一点后校企合作度的增加则会降低高校整体科研绩效，也就是说校企合作对高校科研绩效的影响呈倒"U"型（如图 3 – 4 所示），假设 3 – 1 得到支持。

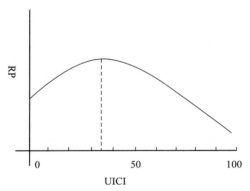

图 3 – 4　校企合作与高校科研绩效的关系

在模型 4 中加入了校企合作强度与调节变量（高校类型）的交互项 $UICI_{i,t-1} \times Type$ 和校企合作强度平方与高校类型的交互项 $UICI_{i,t-1}^2 \times Type$，$UICI_{i,t-1} \times Type$ 与高校整体科研绩效在 0.01 的水平上显著正相关，而 $UICI_{i,t-1}^2 \times Type$ 与高校整体科研绩效在 0.01 的水平上显著负相关，所以高校类型（是否为研究型大学）对高校整体科研绩效不仅具有正向影响，而且其调节了校企合作与高校科研绩效之间的关系，假设 3 – 2 获得支持。

为了研究高校类型如何调节校企合作与高校科研绩效之间的关系，本书采用艾肯等（Aiken et al., 1991）提出的方法，根据式（3 – 2）和模型 4 的回归结果中各变量的系数，画出在含有调节作用的情况下，解释变量（校企合作强度）与高校整体科研绩效关系的图像，如图 3 – 5 所示。

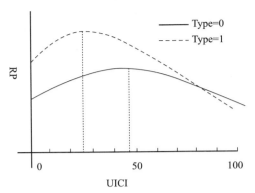

图 3 – 5　高校类型对校企合作与高校整体科研绩效关系的调节作用

由图 3 – 5 可知，研究型大学（Type = 1）的最高科研绩效点要高于非研究型大学（Type = 0），假设 3 – 2（a）获得支持。根据模型 4 回归结果中各变量的系数计算可知，当 Type = 0 时，倒"U"型曲线会在 UICI = 47.81% 时达到最高点；当 Type = 1 时，倒"U"型曲线会在 UICI = 26.03% 时达到最高点，也就是说相对于非研究型大学，研究型大学与企业的合作对高校整体科研绩效影响的倒"U"型曲线会在较低校企合作强度的情况下到达极值点，假设 3 – 2（b）获得支持。

五、研究结论与讨论

本书在组织层次视角下，以我国 2007～2015 年 88 所高校的面板数据为研究对象，运用动态面板数据系统 GMM 模型研究了高校组织层次校企合作对国内高校科研绩效的直接影响，并在此基础上研究了高校类型对校企合作与高校科研绩效关系的调节作用。研究结论如下。

（1）组织层次视角下，校企合作对中国高校整体科研绩效的影响呈倒"U"型。校企合作强度只有控制在一定范围内，才能对高校科研绩效起显著正向作用；超过一定限度后，则会对高校科研绩效产生显著负向影响。典型案例为华东理工大学，其 2006 年校企合作强度为 48.1%，总论文产出为 1698 篇，而 2007 年校企合作强度猛增至 94.1%，总论文产出显著减少至 1365 篇，2008 年校企合作强度降为 38.9% 后，总论文产出提升至 1935 篇。

本书研究结果在一定程度上验证了王元地等的研究成果。他们为了研究不同校企合作渠道对高校科研绩效的影响，定义了校企合作的两种合作策略：校企合作广度，它能反映出不同渠道的范围；校企合作深度，它代表大学深入各渠道的程度。基于中国 61 所大学 2009～2013 年的面板数据，王元地等发现校企合作广度对中国高校科研绩效具有显著的线性正向影响，而校企合作深度对中国高校科研绩效的影响是倒"U"型的。

组织层次视角下校企合作对中国高校整体科研绩效的影响为倒"U"型，说明高校参与校企合作程度较低时，校企合作对高校科研绩效提升的正向因素（新知识、科研经费等）起主导作用，而且此时正向因素的边际收益要高于负向因素（研究方向的偏移以及保密性问题等）的边际成本，所以这种情况下高校应该继续提升其校企合作强度，但不能无限制地提升校企合作强度，因为在校企合作强度较高时，负向因素的边际成本高于正向因素的边际收益，此时负向因素起主导作用，校企合作对高校科研绩效的提升有阻碍作用，这就要求高校从提升自身科研绩效的角度出发，将自身的校企合作强度控制在一个适度的水平，过低或过高都不利于科研绩效的提升。

（2）高校类型对校企合作与高校整体科研绩效之间的倒"U"型曲线关系具有显著的调节作用。与非研究型大学相比，研究型大学与企业合作对高校科研绩效影响的倒"U"型曲线的最高点更高，并且能在较低校企合作强度的情况下到达科研绩效的最高点。

本书认为造成这一现象的可能原因主要有两点：第一，我国的研究型大学主要从事基础研究，非研究型大学则主要从事应用研究，而我国高校与企业的校企合作主要集中在应用研究领域，所以非研究型大学与企业的合作对其科研绩效的提升通常是有帮助的；第二，相比于非研究型大学，研究型大学拥有更多科研经费来从事基础研究。研究型大学参与校企合作虽然不需要付出资金成本，但是同样要付出人力成本和时间成本，而且从事的大多为解决企业实际问题的应用研究或咨询，所以就不可避免地影响到研究型大学的基础研究。因此，研究型大学要到达科研绩效最高点需要的校企合作强度远低于非研究型大学。

六、理论意义与管理启示

本书的理论贡献主要有以下两个方面：（1）已有文献大多从科研人员个体层次研究校企合作对高校科研人员科研绩效的影响，而本书从高校组织层次展开研究，丰富了相关研究成果；（2）在校企合作与高校科研绩效关系的研究中引入了高校类型变量，发现不同类型高校（研究型与非研究型）与企业合作时，对其科研绩效的影响是不同的。

本书的研究结果对国家政府部门和高校管理者制定科学合理的校企合作政策具有重要的参考价值，依据研究结果，本书对参与校企合作的高校提出如下三点建议。

（1）由于校企合作对中国高校整体科研绩效的影响呈倒"U"型，所以高校在自身校企合作强度较低时，应积极寻求与企业进行合作，但是不能无限制地增加校企合作强度。从保持并提高自身科研绩效的角度出发，高校应该适度从事校企合作活动。

（2）对非研究型大学来说，其达到科研绩效最高点时所需的校企合作强度较高，所以应该更加积极地参与到校企合作中去。因为以合作研发、共建平台等形式的校企合作活动能够为大学研究人员提供新的思路和充裕的资金，而且在科学合理的校企合作强度范围内，有利于其提升科研绩效。

（3）研究型大学达到最高科研绩效点所需的校企合作强度较低，并且其更加注重基础理论研究和学术声誉的影响，所以在从事校企合作活动时就要更加慎重。目前，我国正在进行"双一流"大学建设，以清华北大为首的一批顶尖高校已经将科学研究作为重中之重，高校的科研水平也成为一个国家教育水平和创新能力的重要标志，所以国内以成为国际一流研究型大学为目标的高校不应该盲目追求更多的校企合作项目而忽视基础科研，否则将对其科研能力产生不利影响。

第二节 个体层次视角下校企合作对高校 科研人员科研绩效的影响

一、理论分析与研究假设

（一）个体层次视角下校企合作对高校科研人员科研绩效的直接影响

通过第一章对国内外文献的回顾，可以看到，国内外学者主要都是从高校科研人员个体层次视角出发研究校企合作对高校科研人员科研绩效的影响，而且取得了相对丰硕的成果。目前，学术界对这一问题主要持有两种观点。

第一种观点认为校企合作对高校科研人员的科研绩效有正向影响。持这种观点的学者认为，高校科研人员参与到校企合作中对其科研绩效至少有两方面的好处。

首先，持这种观点的学者认为与企业合作是对高校资源的一种有效补充，在合作过程中高校科研人员能获得更多的科研经费、实验设备以及一些不公开的数据。近年来，与企业合作已经成为高校科研人员获得额外科研经费的重要途径。有学者指出来自企业的科研经费与学术产出之间有重要的关联：从企业获得科研经费的学者，其研究在现实中的应用程度会更高，他们有更多机会与企业和高校的其他学者协作，并且他们除了有更多的商业化成果外也有更多的学术产出。其次，与企业合作有助于高校科研人员获得一些新的研究思路，并且能够测试他们的研究成果在实际中的应用情况。某些参与校企合作的高校科研人员认为，通过与企业合作，其科研成果有了更大范围的应用，并且在合作过程中通过探索性学习能够获得新的想法。

持第二种观点的学者认为，校企合作对高校科研人员的科研绩效有负向影响。持这种观点的学者认为高校科研人员参与到校企合作之中，至少有三个方面的因素有可能对其科研绩效产生负面的影响。

首先，高校科研人员参与校企合作会不可避免地遇到企业方对合作成果保密性的要求。企业需要考虑商业利益，所以企业与科研人员合作时通常要求科研人员对合作产出的科研成果保密，以保证科研成果在一段时间内被合作企业独享，但是这却会推迟或抑制科研人员将成果以论文的形式公开发布；其次，高校科研人员参与校企合作项目肯定需要与企业方进行沟通和协调，而沟通和协调会占用科研人员的时间、精力和注意力。在校企合作过程中，参与的科研人员如果将大量的时间、精力和注意力分配到与企业方沟通或者为企业咨询上，那么他们分配给科学研究的时间和精力就会减少，这可能会降低其科研绩效；最后，与企业合作可能会产生研究方向"偏移"的问题。上文提到过，如果校企合作强度过高可能会使高校整体从基础研究向应用研究偏移，在高校科研人员个体层次中这一现象更加明显。比如布鲁克斯等（1998）研究发现，对高校科研人员来说，更多参与校企合作和更多从事应用研究这两者之间有着一种内在的联系。校企合作对高校科研人员科研绩效影响的正向因素和负向因素如图 3 – 6 所示。

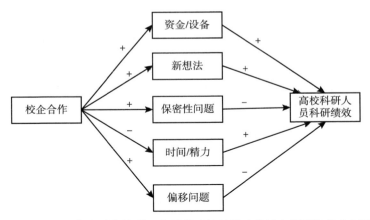

图 3 – 6　校企合作对高校科研人员科研绩效影响的正向因素和负向因素

除了以上两种主流观点外，综合考虑校企合作对高校科研人员科研绩效影响的正向因素和负向因素，有学者提出校企合作对高校科研人员科研绩效的影响不是线性的而是倒"U"型曲线。也就是说，只有当科研人员参与校企合作的强度维持在一定范围内时，校企合作对其科研绩效的影响是正向的，当高校科研人员参与校企合作的程度较强时，则会对其科研绩效产生负向影响。持这种观点的学者认为，在校企合作强度较低时，正向的因素（科研经费、实验设备和新的思路等）会占主导作用，此时负向的因素存在但不占主导地位。但是随着高校科研人员校企合作强度的增加，负向的因素会逐渐增强并最终占据主导地位，从而不利于高校科研人员的科研绩效。例如，曼雅雷斯－恩里克斯等（2009）利用西班牙两所高校科研人员的数据，研究发现当高校科研人员的校企合作研发活动维持在较低水平时（校企合作研发经费占总经费的比例在49%以内），校企合作对科研人员的科研产出有显著正向影响，而当科研人员的校企合作研发活动维持在较高水平时（超过49%），校企合作对科研产出没有显著影响。

综上，在校企合作对高校科研人员科研绩效的影响的研究方面，目前学术界还没有达成共识，但有很多学者认同科研人员获得来自企业的科研经费、设备及新的想法会对科研绩效的提升有促进作用。然而，校企合作带来的保密性问题和研究方向"偏移"问题等对科研人员科研绩效有不利影响的因素也是广泛存在的，在高校科研人员校企合作程度较高时，负向因素则很可能占据上风。此外，佩克曼和沃尔什等学者认为，对高校科研人员来说参与校企合作通常要付出一定的"机会成本"，会让其将本应投入在科学研究上的时间和精力投入到与企业沟通或为企业咨询等与科研无关的事情上，从而在一定程度上降低高校科研人员的科研绩效。所以本书认为在不考虑学科背景的前提下，校企合作对高校科研人员科研绩效的影响是倒"U"型的。

基于以上分析，提出假设3－3。

假设3－3：在不考虑学科背景的前提下，校企合作对高校科研人员科研绩效的影响是倒"U"型的。

然而在工科领域，科研人员通常与企业技术发展联系得更加紧密并且有较高的校企合作强度，他们可以获得一些对学术研究有益的新想法，也就是说在工科领域校企合作对高校科研人员科研绩效的正向影响会更加显著。比如，佩克曼和沃尔什（2009）发现应用研究项目拥有更高强度的伙伴依赖度，因此能够培养高校工科研究人员的探索性学习能力，并给其带来新的想法和项目。阿吉亚兹等基于137个科研团队的相关数据，发现相对于其他学科领域，工科科研团队与企业合作对其科研绩效的提升更显著。考虑到本书的研究背景是在中国，校企合作主要集中于应用研究领域。因此，我们认为对我国高校工科的科研人员来说，如果他们能有效利用从企业获得的资源，就能够从高强度的校企合作中获得对学术研究有益的互补性知识，从而显著改善其科研绩效。

基于以上分析，提出假设 3-4。

假设 3-4：对中国高校工科的科研人员来说，校企合作对其科研绩效有显著正向影响。

（二）个体层次视角下社会资本的调节作用

1. 社会资本结构维度的调节作用

高校科研人员自身的某些属性可能影响到校企合作与其科研绩效之间的关系。本节讨论社会资本——包括人际关系和内嵌与关系中的资源——对校企合作与高校科研绩效之间关系的调节作用。

社会资本理论的基本观点是关系网络提供了有价值的资源。英克彭等认为社会资本嵌入关系中资源的集合，这些关系可以是组织拥有的也可是个人拥有的，就如智力资本和其他资本一样，科学家在其社会资本网络中的位置能够影响科研绩效。

纳哈皮特和戈沙尔（Nahapiet and Ghoshal, 1998）将社会资本划分为三个维度：结构维度、关系维度和认知维度。其中，结构维度与成员网络中的"闭包"程度或关联性相关；关系维度是由个人社会联系的强度构成的；认知维度则关注相互之间共享的意义和理解。社会资本的这三个维度都很重要，但是从认知维度的定义就可以看出，这一维度很难用二手数据进行测量，所以本书只关注社会资本的前两个维度——结构维度和关系维度。已经有大量相关文献显示科研人员社会资本的结构维度和关系维度对科研绩效有显著影响。

对高校科研人员来说，与企业合作可能是一把双刃剑。然而，如果科研人员有更多社会关系，校企合作对科研人员科研绩效影响的正向因素可能会被加强，而负向因素可能会被削弱。这是因为在科研人员的社交网络中有更多的直接联系不仅意味着为其提供了更宽阔的眼界，而且也为他们从网络中获取信息和想法提供了更多机会，这些都有可能提升其科研绩效。此外，科研人员和企业通常有不同的背景，所以在校企合作之初，科研人员需要花费时间和精力与企业沟通（这也是上文提到的负向因素之一），但是如果有一个熟悉双方背景的第三方中介（个人或组织），那么初期双方的这种熟悉过程就能够被缩短，节省科研人员的时间和精力，从而能够让其有更多的时间进行学术研究。

基于以上分析，结合本章研究样本，提出假设 3 - 5（a）和假设 3 - 5（b）。

假设 3 - 5（a）：网络规模显著正向调节校企合作与高校全体科研人员科研绩效之间的关系。

假设 3 - 5（b）：网络规模显著正向调节校企合作与高校工科科研人员科研绩效之间的关系。

2. 社会资本关系维度的调节作用

社会资本的关系维度是关注人与人之间的直接联系，以及由这种联系所产生的关系型产出。只有当成员对集体有强烈的认同感、信任集体内的其他人、主动承担责任和义务并遵守集体内的规范时，关系型社会资本才能存在。瓦奇和法拉杰（Wasko and Faraj，2005）认为承诺和信任来源于频繁且互利的交互。同时，李有仁等（2013）研究发现当两个人彼此信任时，他们才能够更好地合作和分享资源，而且不需要担心他们会被对方利用。摩尔曼等（Moorman et al.，2005）研究指出，如果某人认为另一个合作者是值得信任的，那么这个人会想要和该合作者再次合作。

因此，有许多学者利用科研人员与同一个人的平均合作次数来衡量该科研人员社会资本的结构维度。参照以往的研究，本书定义科研人员的关系强度为在该科研人员的合作网络中与其有直接联系的平均次数，并用关系强度来衡量校企合作中高校科研人员的结构型社会资本。科研人员的关系强度与交互的数量、关系的情感密度或关系存在的时间高度相关，会随着在其合作网络中与相同合作者直接联系次数的增加而增强。

许多学者研究发现对高校科研人员来说，关系型社会资本对科研绩效有显著正向影响，或者关系型社会资本在一定范围内是正向影响。例如，阿巴斯等（Abbasi et al.，2007）研究发现高关系强度的科研人员比低关系强度的科研人员通常有更高的科研绩效。麦克法登和坎内拉（2014）研究发现科研人员的关系强度对其以论文为衡量手段的知识创新绩效的影响是倒 "U" 型的。而且，他们还发现相比于网络规模，关系强度对科研人员知识创新有更高的正向边际效应。利用 g 指数作为科研人员科研绩效的代理变量，博登斯等（Bordons et al.，2015）发现关系强度对来自统计学、纳米科学和药理学这三个领域科研人员的科研绩效有正向的提升作用。

社会资本最直接的好处就是能够使人们更容易获取新的信息。但是，当一个高校科研人员与一个新的企业合作时，在初始阶段他们可交换的信息是有限的。随着科研人员与企业沟通交互日益频繁，彼此都希望能够更加开放地共享信息和资源，从而使那些很复杂的、非编码的信息和技能知识能够更有效地传递，而这有可能会增加科研人员的科研绩效。而且，上一节提到过，在校企合作过程中，科研人员会分配一定的时间和精力与企业方沟通交流，这是在校企合作过程中对科研人员科研绩效可能产生负向影响的因素之一。但是，随着校企合作中的科研人员与相同的企业多次合作，双方的信任程度就会增加，这会让彼此的沟通更有效率，也会减少科研人员花费在沟通上的时间和精力。

基于以上理论分析，结合本章研究样本，提出假设 3 - 6（a）和假设 3 - 6（b）。

假设 3 - 6（a）：关系强度显著正向调节校企合作与高校全体科研人员科研绩效之间的关系。

假设 3 - 6（b）：关系强度显著正向调节校企合作与高校工科科研人员科研绩效之间的关系。

二、研究设计

（一）样本选择与数据来源

本书的研究样本全部来自哈尔滨工业大学（简称"哈工大"）。哈工大始建于 1920 年，是我国著名的高等学府，位列"985"工程和"211"工程，入选"2011 计划""珠峰计划""111 计划"等，为有中国常春藤联盟之称的"C9 联盟"成员之一。经过 100 余年的发展，哈工大已经成为一所以理工为主，理、工、管、文、经、法等多学科协调发展的国家重点大学。在 2017 年 US News 世界工科大学排行榜中，哈工大在内地高校排名第三，世界排名第七。

图 3 - 7 为哈工大 2007 ~ 2015 年获得的来自企业的科研经费数，从中可以看到，哈工大获得的企事业单位委托科研经费在 2007 年为 4.3 亿元人民

币，而 2015 年为 14. 13 亿元。值得注意的是，2014 年哈工大获得的企事业单位委托科研经费为 16. 66 亿元，并成为我国获得企事业单位委托经费最多的高校。正是由于哈工大不仅是一所著名的重点高校，而且其长期以来十分关注校企合作领域并取得了良好的效果，所以本书以哈工大的科研人员为研究样本具有一定的代表性。

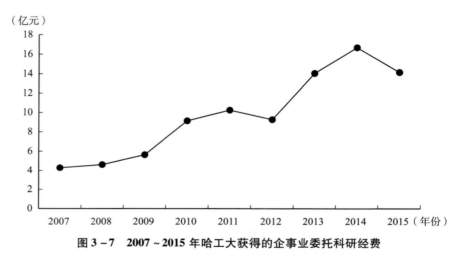

图 3 - 7　2007 ~ 2015 年哈工大获得的企事业委托科研经费

资料来源：教育部科学技术与信息化司 2008 ~ 2016 年发布的《高等学校科技资料统计汇编》。

本章的研究样本来自哈工大工科、理科、管理学科和社会人文学科等，校企合作的相关数据时间跨度为 2010 ~ 2014 年。作为样本的科研人员的相关数据主要有两个来源：（1）哈工大科学与工业技术研究院：哈工大科工院提供了哈工大教师的姓名、院系、横向课题经费、纵向课题经验等信息；（2）汤森路透 Web of Science（WoS）数据库：本书从中能够获得科研人员发表论文、论文被引用情况、论文全部作者以及科研人员的 h 指数等信息。作为本章研究样本的哈工大教师都在 2010 ~ 2014 年至少获得一项横向课题或纵向课题。最终，本书的样本总数为 1027 个，其中来自工科的样本数为 804 个。

（二）变量定义

1. 因变量：科研人员科研绩效（research performance of academics）

参照赫希（2010）的研究，本书选用高校科研人员在 2012 ~ 2014 年的 h

指数衡量其科研绩效。h 指数的主要优点就是它将论文数量和论文质量（被引用数）相结合，只用 h 指数这一个指标就能反映出科研人员的论文数量和质量情况。自从 h 指数被提出后，这一新指标吸引了学术圈的广泛关注，并被认为是评估科学工作者学术成就和科研绩效的最好指标之一，所以本书选用 h 指数衡量科研人员的科研绩效。

2. 自变量：校企合作强度（UIC intensity）

此处指高校科研人员参与校企合作的强度，参照班纳 - 锡等（2002）和德埃斯特等（2011）的研究，本书用科研人员 2010 ~ 2014 年获得的横向课题经费占总科研经费的比例衡量高校科研人员的校企合作强度。同时，为了验证假设 3 - 5，本书在模型中会加入校企合作强度的平方项——UIC intensity square。

3. 调节变量：网络规模（network ties）和关系强度（tie strength）

本书研究高校科研人员社会资本的结构维度和关系维度对校企合作与其科研绩效关系的调节作用。上文中已经提到，网络规模说明了科研人员在其社会网络中与其他人联系的具体方式，被认为是衡量结构型社会资本的最普遍指标之一。基于格兰诺维特（1973）给出的定义，本书用与该科研人员有过论文合作的所有合作者人数之和来测量其网络规模。由于某些学者认为网络规模与科研人员的科研绩效之间是倒"U"型的曲线关系，所以本书引入了网络规模的平方项——network ties square。

关系型社会资本是指人与人之间多次合作所产生的关系型产出。参照麦克法登和坎内拉（2014）对关系强度的定义，本书用科研人员在 2010 ~ 2014 年与相同学者合作论文的平均次数来衡量该科研人员的关系强度。如式（3 - 3）所示，$\sum \text{ties}_i$ 代表该科研人员所有论文合作者的总数（包含重复的合作者），$\sum \text{coauthors}_i$ 代表该科研人员所有非重复论文合作者的总数。

$$\text{Tie Strength} = \frac{\sum \text{ties}_i}{\sum \text{coauthors}_i} \quad i = 1,2,\cdots,n \quad \text{researcher} \quad (3-3)$$

基于与网络规模同样的原因，此次研究也包括关系强度的平方项——tie strength square。

4. 控制变量

通过对已有研究的回顾，本书发现有一系列因素可能影响高校科研人员的科研绩效，本书将这些因素设置为控制变量。具体包括纵向课题经费（public funding）和科研人员自身特征的变量。有研究指出纵向课题经费对科研人员的科研绩效有显著的正向影响。本书用高校科研人员 2010～2014 年获得的来自政府的科研经费数衡量。赫达兹等（Hedjazi et al.，2011）、金博等（Quimbo et al.，2014）等众多学者研究指出，科研人员自身的一些特征或背景是影响其科研绩效的重要因素，所以本书引入了高校科研人员的年龄（age）、教育程度（education）、性别（gender）和职称（academic rank）4 个控制变量。在这 4 个变量中，性别是虚拟变量，0 代表女性，1 代表男性。为了方便研究和数据的可获取性，其他 3 个变量以 2014 年该科研人员的相关信息为准。教育程度定义为虚拟变量，科研人员拥有博士学位则值为 1，否则为 0。职称定义为虚拟变量，科研人员为教授则值为 1，否则为 0。

此处要特别指出的是，从变量的定义中可以看到，科研人员科研绩效的时间窗为 2012～2014 年，而校企合作、社会资本和纵向课题经费的时间窗都为 2010～2014 年。这种设定是考虑到科学研究资源的投入（科研经费和社会资本等）与论文产出和被引之间有一定的延迟。同时，类似的处理方法已经被很多学者应用于科研管理的研究中。变量的具体说明如表 3－6 所示。

表 3－6　　　　　　　　　　　　　　变量说明

变量	说明	时间窗
因变量	—	—
research performance	科研人员的在 WoS 数据库中的 h 指数	2012～2014 年
自变量	—	—
UIC intensity	科研人员横向课题经费占总科研经费的比例	2010～2014 年
调节变量	—	—
network ties	2010～2014 年与该科研人员有过论文合作的所有合作者人数之和	2010～2014 年
tie strength	科研人员在 2010～2014 年与相同学者合作论文的平均次数	2010～2014 年

续表

变量	说明	时间窗
控制变量	—	—
public funding	从政府部门获得的科研经费（单位：百万元）	2010～2014 年
age	2014 年时该科研人员的年龄	—
education	虚拟变量 如果该科研人员在 2014 年已经获得博士学位，则值为1；否则为0	—
gender	虚拟变量 如果该科研人员为男性，则值为1；否则为0	—
academic rank	虚拟变量 如果该科研人员在 2014 年为教授，则值为1；否则为0	—

（三）模型构建

1. 校企合作影响高校科研人员科研绩效的直接效应模型

本章的因变量科研绩效的衡量方法为科研人员在 2012～2014 年的 h 指数，这是一个非负的计数变量，因此选用负二项回归方法进行回归分析。虽然泊松回归是处理计数变量的最常用模型，但是泊松回归的假设（均值与方差相等）很难满足，因此很多学者在无法满足泊松回归假设的情况下都会选用负二项回归方法。而且为了保证模型方法的正确性，本书进行了 LR 检验和 Vuong 检验，检验结果确认了负二项回归方法的选用是正确的，检验结果在表 3－7 和表 3－8 中给出。

校企合作影响高校科研人员科研绩效的直接效应模型如式（3－4）所示。该模型用于分析校企合作与高校科研人员科研绩效之间的关系，其中，因变量为科研人员的科研绩效（RP），UICI 为科研人员的校企合作强度，$UICI^2$ 为校企合作强度的平方项，PF 为纵向课题经费，Age 为科研人员的年龄，Education 为科研人员的教育程度，Gender 为科研人员的性别，AR 为科研人员的职称。

$$RP = \beta_0 + \beta_1 UICI + \beta_2 UICI^2 + \beta_3 PF + \beta_4 Age + \beta_5 Education + \beta_6 Gender + \beta_7 AR + \varepsilon \tag{3-4}$$

2. 引入社会资本变量的调节效应模型

为进一步研究社会资本对校企合作与高校科研人员科研绩效关系的调节作用，构建社会资本的调节效应模型，如式（3-5）所示。

$$RP = \beta_0 + \beta_1 UICI + \beta_2 UICI^2 + \beta_3 PF + \beta_4 Age + \beta_5 Education$$
$$+ \beta_6 Gender + \beta_7 AR + \beta_8 NT + \beta_9 TS + \beta_{10} NT^2 + \beta_{11} TS^2$$
$$+ \beta_{12} UICI \cdot NT + \beta_{13} UICI^2 \cdot NT + \beta_{14} UICI \cdot TS + \beta_{15} UICI^2 \cdot TS + \varepsilon$$

$$(3-5)$$

其中，NT 代表科研人员社会资本的网络规模，NT^2 是其平方项，TS 代表关系强度，TS^2 是其平方项，$UICI \cdot NT$ 是校企合作强度（UICI）与网络规模（NT）的交互项，$UICI^2 \cdot NT$ 是校企合作强度平方与网络规模的交互项，$UICI \cdot TS$ 是校企合作强度（UICI）与关系强度（TS）的交互项，$UICI^2 \cdot TS$ 是校企合作强度的平方与关系强度的交互项。

三、实证分析

本章研究校企合作对高校全体（不分学科背景）科研人员科研绩效的影响及对工科科研人员科研绩效的影响，全体科研人员样本下变量的描述性统计和变量相关性分析如表3-7和表3-8所示，其中纵向课题经费（public funding）单位是千万元。

表3-7 全体科研人员样本下变量的描述性统计

变量	样本数	均值	标准差	最小值	最大值
research performance	1027	3.621	4.071	0	37
UIC intensity	1027	0.556	0.44	0	1
public funding	1027	0.642	4.686	0	123.941
age	1027	47.566	8.602	30	85
education	1027	0.851	0.356	0	1
gender	1027	0.844	0.363	0	1
academic rank	1027	0.684	0.465	0	1
network ties	1027	31.464	35.256	1	447
tie strength	1027	2.076	0.918	0.35	8.96

表 3 - 8　　　　　　　　　全体科研人员样本下变量的相关性分析

变量	1	2	3	4	5	6	7	8
research performance	1.000	—	—	—	—	—	—	—
UIC intensity	- 0.229 ***	1.000	—	—	—	—	—	—
public funding	0.11 ***	- 0.142 ***	1.000	—	—	—	—	—
age	0.042	0.0098	0.052 *	1.000	—	—	—	—
education	0.16 ***	- 0.098 ***	0.052	- 0.265 ***	1.000	—	—	—
gender	- 0.036	0.011	0.025	0.025	0.016	1.000	—	—
academic rank	0.236 ***	- 0.111 ***	0.045 *	0.349 ***	0.130 ***	0.089 ***	1.000	—
network ties	0.738 ***	- 0.239 ***	0.201 ***	0.128 ***	0.138 ***	- 0.003	0.255 ***	1.000
tie strength	0.457 ***	- 0.134 ***	- 0.020	- 0.064 **	0.161 ***	- 0.058	0.092 ***	0.343 ***

注：*** $p < 0.01$；** $p < 0.05$；* $p < 0.1$。

从表 3 - 7 中可以看出：（1）在全体科研人员的样本下，校企合作强度（UIC intensity）均值为 0.556，而方差为 0.44，说明校企合作强度在科研人员间存在明显差异；（2）作为研究样本的全体科研人员中，平均年龄为 47.566 岁，有 85.1% 的科研人员拥有博士学位，84.4% 的科研人员为男性，68.4% 的科研人员为教授；（3）网络规模（network ties）的均值为 31.464，标准差为 35.256，说明网络规模在科研人员之间存在明显差异。关系强度（tie strength）均值为 2.076，标准差为 0.918。相对而言，关系强度在科研人员之间分散程度较小。

由表 3 - 8 可知：（1）校企合作强度（UIC intensity）与科研绩效（research performance）的相关系数为负，且在 0.01 的显著水平上显著；（2）控制变量中，年龄（age）和性别（gender）变量与科研绩效的相关系数不显著，而纵向科研经费（public funding）、教育程度（education）和职称（academic rank）与科研绩效的相关系数都为正，且在 0.01 的显著水平上显著，说明选取的控制变量是基本恰当的；（3）网络规模（network ties）和关系强度（tie strength）与科研绩效相关系数都为正且较高（分别为 0.738 和 0.457）；（4）网络规模和关系强度之间虽然在 0.01 的显著水平上具有正相关性，但是相关系数并不高（0.343）。

工科科研人员样本下变量的描述性统计和变量相关性分析如表 3 – 9 和表 3 – 10 所示。

表 3 – 9   工科科研人员样本下变量的描述性统计

变量	样本数	均值	标准差	最小值	最大值
research performance	804	3.703	3.568	0	37
UIC intensity	804	0.585	0.443	0	1
public funding	804	8.366	59.001	0	1239.405
age	804	47.501	8.648	30	85
education	804	0.868	0.339	0	1
gender	804	0.864	0.343	0	1
academic rank	804	0.700	0.458	0	1
network ties	804	32.230	34.554	1	447
tie strength	804	2.139	0.928	0.35	8.96

从表 3 – 9 中可以看到：（1）工科科研人员的校企合作强度的均值为 0.585，比全体科研人员校企合作强度只高了 2.9%，但是考虑到本章的研究样本总数为 1027，其中工科科研人员样本数为 804，占总体的 78.29%，非工科人员（管理、工科和社会学科等）为 223 人，只占总数的 21.71%，其校企合作强度为 45.144%，所以可以看出工科科研人员的校企合作强度是明显高于非工科科研人员的；（2）工科科研人员的平均纵向课题经费数为 837 万元，明显高于全体科研人员的平均纵向课题经费数 642 万元；（3）除年龄变量外，工科科研人员比全体科研人员稍低，其他变量都是工科科研人员稍高一些。

从表 3 – 10 中可以看到，在工科科研人员样本下，大部分变量间相关系数及显著性的变化都不大，只有个别变量相关关系和显著性出现了变化，主要如下：（1）在全体科研人员样本下，年龄（age）与纵向课题经费之间的相关性在 0.1 的显著水平上显著正相关，这说明从整体上来说，年龄越大的教师科研经费越高，而在工科科研人员样本下，两者之间不再具有显著的相关关系；（2）全体科研人员样本下，职称（academic rank）与纵向课题经费在 0.1 的显著水平上正相关，整体来说，有教授职称的科研人员通常有更多的纵向课题经费。职称与教育程度在 0.01 的显著水平上正相关，说明有教授职称的科研人员普遍获得了博士学位。职称与性别在 0.01 的显著水平上正相关，说明有教授职称的科研人员通常为男性。但是在工科科研人员的样本下，教育程度与以上三个变量的相关性不再显著。

表 3－10　　　　　　　　工科科研人员样本下变量的相关性分析

变量	1	2	3	4	5	6	7	8
research performance	1.000	—	—	—	—	—	—	—
UIC intensity	−0.238***	1.000	—	—	—	—	—	—
public funding	0.094***	−0.148***	1.000	—	—	—	—	—
age	0.049	0.022	0.026	1.000	—	—	—	—
education	0.146***	−0.068*	0.043	−0.328***	1.000	—	—	—
gender	−0.052	0.041	0.023	0.023	−0.015	1.000	—	—
academic rank	0.244***	−0.087**	0.047	0.350***	0.042	0.050	1.000	—
network ties	0.768***	−0.218***	0.196***	0.137***	0.117***	−0.040	0.249***	1.000
tie strength	0.499***	−0.102***	−0.005	−0.066*	0.144***	−0.032	0.074**	0.326***

注：*** $p < 0.01$；** $p < 0.05$；* $p < 0.1$。

由表 3－8 和表 3－10 可知，除了被解释变量与某些解释变量之间具有较高的相关系数外，一些解释变量之间也有显著相关性存在，这种相关性可能导致多重共线性问题的出现。为避免这一问题，本书在全体和工科科研人员样本下分别做了解释变量共线性检验（VIF），结果如表 3－11 所示。可以看到不论是在全体科研人员样本下还是工科科研人员样本下，解释变量的 VIF 值都远小于 10，不存在多重共线性问题。

表 3－11　　　　　　　　　　　VIF 检验

变量	全体科研人员样本下变量的 VIF 值	工科科研人员样本下变量的 VIF 值
UIC intensity	1.08	1.07
public funding	1.06	1.06

续表

变量	全体科研人员样本下变量的 VIF 值	工科科研人员样本下变量的 VIF 值
age	1. 31	1. 34
education	1. 18	1. 19
gender	1. 01	1. 01
academic rank	1. 27	1. 23
network ties	1. 31	1. 30
tie strength	1. 17	1. 15

四、回归分析

（一）全体科研人员样本下的回归分析

表 3 - 12 显示了全体科研人员样本下变量的负二项回归结果。从表中可以看到，为检验假设，本书一共设置了 5 个模型进行回归分析，并对每一个模型都给出了 LR 检验和 Vuong 检验结果。所有模型 LR 检验的结果都指出应该在 1% 的显著水平上拒绝原假设（Alpha 等于 0），也就意味着应该拒绝使用泊松回归，而使用负二项回归方法对模型进行估计。所有模型中 Vuong 检验是非显著的，说明对所有模型来说，负二项回归优于零膨胀的负二项回归。因此，本书所有模型都利用负二项回归方法进行估计是恰当的。

表 3 - 12 中，模型 1.1 是基础模型，仅包含所有控制变量。从模型 1.1 可以看到，科研人员的教育程度（education）和职称（academic rank）变量都在 0.01 的水平上与科研绩效显著正相关，而纵向课题经费、年龄和性别对科研人员科研绩效的影响并不显著。

在模型 1.2 中，本书引入了科研人员的校企合作强度（UIC intensity）变量。当只引入校企合作强度变量时，它在 0.01 的水平上与科研人员的科研绩效显著负相关（-0.491）。在模型 1.3 中进一步引入了校企合作强度的平方项（UIC intensity square），其在 0.1 的水平上与科研人员的科研绩效变量负相关（-0.606）。综上可知，校企合作强度对高校科研人员科研绩效的影响不是线性的而是倒 "U" 型曲线，假设 3 - 3 得到支持。

在模型1.4中加入了网络规模（network ties）、关系强度（tie strength）以及它们的平方项，结果显示，网络规模和关系强度在0.01水平上对科研人员的科研绩效有显著正向影响，而两个变量的平方项与科研人员科研绩效在0.01水平上是显著负相关关系，这说明网络规模和关系强度对科研人员科研绩效的影响都呈倒"U"型曲线，这一结论支持了麦克法登和坎内拉的研究。

表3－12　　　　　　　全体科研人员下的负二项回归结果

变量	全体科研人员样本				
	Model 1.1	Model 1.2	Model 1.3	Model 1.4	Model 1.5
Constant	0.465 ** (0.234)	0.782 *** (0.228)	0.78 *** (0.227)	−0.569 *** (0.203)	−0.757 *** (0.214)
Control variables	—	—	—	—	—
public funding	0.025 (0.024)	0.013 (0.0104)	−0.012 (0.0107)	−0.005 (0.004)	−0.006 (0.005)
age	0.002 (0.433)	0.00002 (0.411)	−0.04 (0.408)	−0.554 ** (0.267)	−0.005 * (0.003)
education	0.52 *** (0.109)	0.504 *** (0.102)	0.495 *** (0.102)	0.157 ** (0.067)	0.160 ** (0.067)
gender	−0.148 (0.11)	−0.138 (0.121)	−0.134 (0.119)	−0.078 (0.064)	−0.073 (0.063)
academic rank	0.615 *** (0.078)	0.577 *** (0.077)	0.564 *** (0.077)	0.211 *** (0.049)	0.228 *** (0.049)
Main effects	—	—	—	—	—
UIC intensity	—	−0.491 *** (0.075)	−0.124 (0.395)	0.293 (0.248)	0.266 (0.267)
UIC intensity square	—	—	−0.606 * (0.375)	−0.427 * (0.234)	−0.492 ** (0.248)

变量	全体科研人员样本				
	Model 1.1	Model 1.2	Model 1.3	Model 1.4	Model 1.5
network ties	—	—	—	0.019 *** (0.0015)	0.019 *** (0.001)
network ties square	—	—	—	− 0.037 *** (0.0006)	− 0.037 *** (0.0006)
tie strength	—	—	—	0.725 *** (0.0935)	0.843 *** (0.101)
tie strength square	—	—	—	− 0.067 *** (0.015)	− 0.082 *** (0.012)
Moderation effects	—	—	—	—	—
UIC intensity × network ties	—	—	—	—	0.010 (0.007)
UIC intensity square × network ties	—	—	—	—	− 0.006 (0.007)
UIC intensity × tie strength	—	—	—	—	0.328 (0.418)
UIC intensity square × tie strength	—	—	—	—	− 0.742 ** (0.339)
Observations	1027	1027	1027	1027	1027
Wald χ^2	112.71 ***	193.83 ***	199.19 ***	1047.4 ***	1182.91 ***
Log pseudolikelihood	− 2210.202	− 2184.698	− 2183.344	− 1779.169	− 1820.036
LR test	939.77 ***	842.82 ***	839.78 ***	63.67 ***	49.7 ***
Vuong test	− 0.99	− 1.70	− 1.71	− 1.42	− 0.01

注：*** $p < 0.01$；** $p < 0.05$；* $p < 0.1$。

由于在全体科研人员样本下校企合作强度与高校科研人员科研绩效的关系为倒"U"型，所以在模型 1.5 中，引入了校企合作强度与网络规模和关系强度的交互项，以及校企合作强度的平方与网络规模和关系强度的交互项，以验证网络规模和关系强度对科研绩效与高校科研人员科研绩效的关系是否具有调节作用。如表 3 - 12 所示，校企合作强度的平方和关系强度的交互项（UIC intensity square × network ties）不显著，所以假设 3 - 5（a）没有得到支持；校企合作强度的平方和关系强度的交互项（UIC intensity square × tie strength）与科研绩效变量在 0.05 水平上呈负相关关系（- 0.742）。在不考虑科研人员学科背景的条件下，校企合作强度与高校全体科研人员科研绩效的关系呈倒"U"型，所以关系强度显著正向调节了校企合作与高校全体科研人员科研绩效的倒"U"型关系。也就是说，在不考虑学科背景的条件下，当高校科研人员的关系强度增加时，校企合作对其科研绩效的倒"U"型影响会受到显著的强化，调节效果如图 3 - 8 所示，假设 3 - 5（b）得到支持。

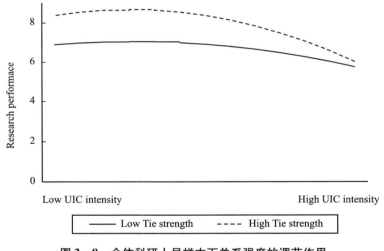

图 3 - 8 全体科研人员样本下关系强度的调节作用

（二）工科科研人员样本下的回归分析

表 3 - 13 是工科科研人员样本下变量的负二项回归结果，与全体科研人员样本下一样，也用 5 个模型来研究工科科研人员样本下校企合作对科研人员科研绩效的影响以及社会资本的调节作用。

从模型 2.1 中可以看到，工科科研人员样本下控制变量与全体科研人员样本下基本保持一致，只有性别变量（gender）在 0.1 的水平上与科研绩效显著负相关。

模型 2.2 中引入了校企合作强度变量，结果显示校企合作强度与工科科研人员科研绩效在 0.01 的水平上显著负相关（ -0.453）。但是在模型 2.3 引入校企合作强度的平方项后，可以看到校企合作强度及其平方项都不显著，所以假设 3 - 5 不仅没有得到支持，而且结果显示与假设刚好相反。工科人员样本下，校企合作强度与高校科研人员科研绩效在 0.01 的水平上显著负相关（ -0.144）。

工科人员样本下，由于校企合作与高校科研人员科研绩效是线性关系，所以模型 2.5 中只引入校企合作强度与网络规模和关系强度的交互项。由表 3 - 13 可以看到，与全体科研人员样本下的结果相一致，交互项 UIC intensity × tie strength 不显著，同时交互项 UIC intensity × network size 并不显著，所以假设 3 - 6（a）没有得到支持，假设 3 - 6（b）得到支持。也就是说对工科科研人员来说，关系强度对校企合作与科研绩效之间的关系具有正向调节作用，调节效应如图 3 - 9 所示。

表 3 - 13　　　　　　　工科科研人员下的负二项回归结果

Independent variables	工科科研人员样本				
	Model 2.1	Model 2.2	Model 2.3	Model 2.4	Model 2.5
Constant	0.506 ** (0.239)	0.743 *** (0.235)	0.744 *** (0.235)	-0.542 *** (0.203)	-0.318 (0.201)
Control variables	—				
public funding	0.001 (0.001)	0.001 (0.0004)	0.001 (0.0004)	-0.0005 (0.0004)	-0.0005 (0.0003)
age	0.002 (0.005)	0.002 (0.004)	0.002 (0.004)	-0.004 (0.003)	-0.003 (0.003)
education	0.472 *** (0.113)	0.469 *** (0.106)	0.468 *** (0.106)	0.125 * (0.073)	0.109 (0.072)
gender	-0.162 * (0.088)	-0.134 (0.088)	-0.134 (0.088)	-0.041 (0.054)	-0.036 (0.052)

续表

Independent variables	工科科研人员样本				
	Model 2. 1	Model 2. 2	Model 2. 3	Model 2. 4	Model 2. 5
academic rank	0. 562 *** (0. 080)	0. 530 *** (0. 078)	0. 529 *** (0. 078)	0. 208 *** (0. 048)	0. 200 *** (0. 047)
Main effects	—	—	—	—	—
UIC intensity	—	− 0. 453 *** (0. 071)	− 0. 392 (0. 390)	− 0. 144 *** (0. 046)	− 0. 577 *** (0. 126)
UIC intensity square	—	—	− 0. 060 (0. 380)	—	—
network size	—	—	—	0. 017 *** (0. 001)	0. 017 *** (0. 002)
network size square	—	—	—	− 0. 032 *** (0. 005)	− 0. 031 *** (0. 005)
tie strength	—	—	—	0. 711 *** (0. 089)	0. 638 *** (0. 079)
tie strength square	—	—	—	− 0. 065 *** (0. 014)	− 0. 066 *** (0. 010)
Moderation effects	—	—	—	—	—
UIC intensity × network size	—	—	—	—	0. 001 (0. 002)
UIC intensity × tie strength	—	—	—	—	0. 146 *** (0. 044)
Observations	804	804	804	804	804
Wald χ^2	100. 46 ***	161. 24 ***	161. 39 ***	980. 40 ***	1069. 77 ***
Log pseudolikelihood	− 1876. 606	− 1854. 71	− 1854. 697	− 1499. 939	− 1493. 017
LR test	719. 05 ***	661. 35 ***	661. 10 ***	11. 50 ***	8. 60 ***
Vuong test	− 1. 06	− 1. 57	− 1. 57	− 0. 00	− 0. 00

注： *** $p < 0.01$ ； ** $p < 0.05$ ； * $p < 0.1$ 。

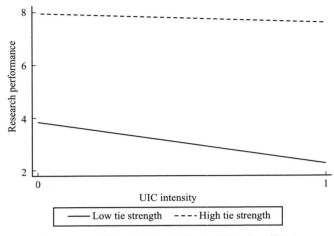

图 3 - 9　工科科研人员样本下关系强度的调节作用

五、研究结论与讨论

本节的目的是在中国高校的背景下，在个体层次视角下实证检验高校科研人员个体层次校企合作对其科研绩效的影响，以及以网络规模和关系强度为衡量手段的社会资本的调节作用。为研究工科科研人员样本与不分学科背景下全体科研人员样本下研究结果是否相同，本书在全体科研人员样本下和工科科研人员样本下分别进行了回归分析。研究表明，校企合作强度可由科研人员参与的校企合作项目经费占总科研经费的比例体现，也就是校企合作强度。通过负二项回归方法，本书发现：（1）全体科研人员样本下，校企合作对高校科研人员科研绩效的影响呈倒"U"型；（2）工科科研人员样本下，校企合作对高校科研人员科研绩效的影响是显著负向的；（3）在全体科研人员样本和工科科研人员样本下，关系强度都对校企合作与高校工科科研人员科研绩效的关系有显著的正向影响，但是网络规模的调节作用都不显著。

首先，通过对以往研究的回顾和理论分析，本书认为高校科研人员参与校企合作强度较低时对不分学科背景下全体科研人员的科研绩效有显著正向影响，但是这种影响会随着校企合作强度的增加而逐渐减弱，并最终达到一个最高点，在这一点之后继续增加科研人员的校企合作强度则会对科研绩效有负向影响，也就是说在全体科研人员样本下个体层次校企合作对高校科研人员科研绩效的影响是倒"U"型的，而通过表 3-12 可知，实证研究也验证了这一假设。这说明在不分学科背景的前提下，对高校科研人员来说，参与校企合作带来的科研经费、设备和新的想法等能够提升其科研绩效，但是随着高校科研人员校企合作强度的增加，校企合作给科研人员带来的负向影响会逐渐增强并最终占据主导地位，从而不利于高校科研人员的科研绩效。

但是对工科科研人员来说却不是如此。根据以往研究和理论分析，本书认为工科科研人员与企业的联系更加紧密，而且与企业的合作不仅能够带给他们更多的科研经费，也有利于进行科学研究，所以校企合作对工科科研人员的科研绩效应该有正向的提升作用。但是实证研究结果却恰恰相反，造成这种情况的可能原因如下：

（1）高强度的校企合作需要科研人员投入大量的时间和精力。从表 3-9 可知，工科科研人员的平均校企合作强度为 0.585，这就意味着工科科研人员要花费大量的时间和精力在与企业进行沟通、组织和协调上；

（2）来自企业的科研经费存在一定浪费的情况。虽然科研人员从企业的合作中获得了大量科研经费，但是这些经费的大部分没有用于科学研究或科研人员没有有效利用这些科研经费；

（3）我国大学的科研经费资源竞争十分激烈。根据资源依赖理论（Resource Dependency），作为科研经费资源的供给方，企业通常在校企合作中更有话语权，从而会推动对研究成果保密性政策的实施以最大化企业方的利益。

本书发现，在全体科研人员样本和工科科研人员样本下，社会资本的关系维度对校企合作与高校科研人员科研绩效之间的关系都有显著的正向调节作用。这说明对参与校企合作的科研人员来说，拥有高关系强度的科研人员其科研绩效通常更高。如果一个科研人员拥有较高的关系强度，也就意味着其拥有很多固定的长期合作伙伴。长期的伙伴关系被认为会增加共同的经历、信任、共同语言、默认的沟通体系，也是友谊的纽带，它被认为能够提升高校科研人员发展和交换非编码信息和隐性知识的效率，从而有利于科研绩效的提升。同时，缺少信任和对其他合作者的尊重也是校企合作失败的重要原因之一。因此，关系强度对校企合作与高校科研人员科研绩效之间的关系都有显著的正向调节作用。

在全体科研人员样本和工科科研人员样本下，网络规模的调节效应都不显著。可能的原因是对科研人员来说，与其他人发展新的关系需要花费很高的成本。获取新的知识是科研人员扩大其社会关系网络的重要因素之一，但这并不是没有成本的，这种成本可以分为两个方面，一是机会成本，二是时间成本。

对参与校企合作的科研人员来说，他们需要分配时间和精力在与合作企业进行沟通、组织和协调上。因此，如果他们花费时间去发展新的关系，从中得到的收益可能无法覆盖其付出的成本。然而，对科研人员来说，提高关系强度也需要付出一定的成本，但关系强度仍具有显著的调节效应。对这一现象，麦克法登和坎内拉（2014）认为，科研人员从增加的共享经历（也就是信任、共同语言和友谊纽带等）中获得资源对知识创造的正向边际效应要比扩大其网络规模高，这也许能够解释这一现象。

六、理论意义及管理启示

本书通过在中国高校背景下探究校企合作与科研绩效之间的关系，丰富了相关研究的理论基础和实证基础。同时，通过引入社会资本和 h 指数等新的观测指标，扩展了研究的视野，为高校制定校企合作政策提供了重要的参考。然而，仍有许多值得进一步探索和扩展的方向，如拓展研究样本的范围和深度，探讨校企合作与科研绩效之间的复杂关系，以及引入其他衡量科研绩效的指标等。这些扩展将有助于进一步提升研究的可靠性和推广性，为高校的科研发展和创新能力提供更具体的指导和政策建议，促进社会经济的持续发展。

第三节 跨层次视角下校企合作氛围对高校科研人员科研绩效的影响

一、理论分析与研究假设

产学研合作在国家创新体系建设中发挥着重要的作用，党的十九大报告指出，加强国家创新体系建设，强化国家战略科技力量。深化科技体制改革，建立以企业为主体、市场为导向、产学研深度融合的技术创新体系，加强对中小企业创新的支持，促进科技成果转化。

近年来，国家深入实施创新驱动发展战略，大力推进科技创新，科技部、教育部等国家部委出台了多项政策支持产学研合作。如 2021 年 10 月，国家知识产权局、教育部、科技部联合印发了《产学研合作协议知识产权相关条款制定指引（试行）》，促进产学研合作和知识产权转移转化；2019 年 9 月，科技部印发《关于促进新型研发机构发展的指导意见》，提出要结合产业发展实际需求，构建产业技术创新战略联盟，探索长效稳定的产学研结合机制。

校企合作是产学研合作的主要形式之一，对企业来说，与高校合作是获得外部资源（人才、新知识和新技术）的一种重要途径；对高校来说，校企合作有助于加快高校科技成果转化、扩展科研人员学术研究方向和思路、拓宽科研经费渠道。近十年来，全国高校科研经费中企事业单位委托经费从 2011 年的 318.88 亿元增长到 2020 年的 647.50 亿元[①]，总量翻了一倍有余，年复合增长率 8.19%，这从一个侧面反映出近年来校企合作的增长。

（一）跨层次视角下校企合作氛围对高校科研人员科研绩效的直接影响

已有文献对校企合作与高校科研绩效关系的研究，大多从个体层次，也就是从高校科研人员层面研究校企合作对其科研绩效的影响，少数文献从高校组织层面出发研究校企合作对高校整体科研绩效的影响。但是目前鲜有学者从跨层次视角研究组织层次的校企合作对组织内科研人员科研绩效的影响。基于组织氛围相关理论，本书认为组织层次的校企合作强度对组织内的科研人员来说是一种校企合作氛围（UIC climate），它是组织内成员直接或间接感知到的工作环境的一种属性，能够影响组织内成员的校企合作态度和行为。

已有文献认为工作环境和组织氛围对组织内部员工的工作绩效有重要的影响。塔尔塔里和布雷斯基（Tartari and Breschi，2012）研究发现科研人员是否与企业进行合作，一是会受到组织氛围的影响，二是会受到其科研人员对校企合作潜在的成本和收益预估的影响。维加－朱拉多等（Vega-Jurado

---

① 数据来源：教育部科学技术与信息化司发布的《高等学校科技统计资料汇编》（2011 ~ 2020）。

et al, 2008）研究发现，大学内部校企合作氛围不浓的话，则不利于科研人员与企业合作。郑彦锋等（Zheng Yanfeng et al.，2013）则发现大学部门成功的校企合作经历会影响部门内部学者对参与校企合作的态度。

目前有学者认为高校组织或团队层面的校企合作氛围对科研人员科研绩效有促进作用。比如，何秀青等（2016）利用台湾科技大学 323 名科研人员的相关数据，研究发现高校组织层次的校企合作氛围对组织内科研人员的科研绩效有提升作用。他们认为如果高校科研人员在一个与企业联系比较紧密的大学部门，那么他们就能够利用在以往与企业合作过程中所积累的资源。然而，对那些本身没有与企业有过合作经验，而且所在部门或组织也缺少校企合作氛围的科研人员来说，他们想要与企业进行合作就可能会遇到更多问题。也就是说，完善的校企合作制度和协定能够让高校科研人员知道如何利用校企合作促进其创新绩效。F. 埃德加和 A. 格瑞（2013）通过调查问卷对比分析新西兰三所大学的高科研绩效部门和低科研绩效部门的科研人员的差异，研究发现高校院系内的组织氛围和文化氛围对科研人员的科研绩效具有显著的影响。

组织内良好的校企合作氛围不仅能够提高科研人员的科研创新绩效，也会促进组织内的科研人员参与校企合作。但是，当组织内存在高程度的校企合作氛围时，科研人员也会同组织内其他同事一起参与到活动中，那么诸如保密性问题、分散时间/精力问题、研究方向偏移问题等可能阻碍科研人员科研绩效的因素就会随之而来。因此，本书认为组织层次适度的校企合作氛围与科研人员的科研绩效正相关，组织层次过低或过高的校企合作氛围都可能影响科研人员科研绩效的提升。

根据以上理论分析，提出假设 3 – 7。

假设 3 – 7：组织层次的校企合作氛围对组织内科研人员科研绩效的影响呈倒"U"型。

（二）跨层次视角下技术能力的跨层次中介作用

由技术能力的概念界定可知，科研人员的技术能力是指科研人员以技术为导向，开展应用研究的能力。技术能力对高校科研人员是否能够与企业进行合作以及校企合作的成功运作有重要作用，同时也对科研人员的科研绩效有重要影响。

有较多学者认为科研人员的技术能力能够促进科研绩效的提升。万路等（2004）利用比利时一所大学科研人员的相关数据，发现进行应用研究和发表学术论文之间并不是相互替代的关系。欧文·史密斯（2001）认为学术成功和商业化之间不是互相替代的，而是一种互补的相互依存的关系。基于意大利材料科学领域科研人员的相关数据，卡尔代里尼等（Calderini et al.，2001）研究发现科研人员获得授权的专利数量与科研成果（学术论文）是正相关的。梅耶（Meryer，2006）利用3个欧洲国家纳米领域的专利数和纳米科学领域的文章的相关数据，指出申请专利和发表论文之间没有明显的负向关系，而且有专利的科研人员要比没有专利的同事的论文数更多，论文被引率也更高。基于中国高校的相关数据，官建成和王刚波（Guan Jiancheng and Wang Gangbo，2010）发现拥有专利的科研人员比没有专利的同事在发表学术论文上的表现要好得多。

根据以上理论分析，提出假设3-8。

假设3-8：科研人员的技术能力与科研绩效之间的关系呈显著正相关。

组织层次的因素也有可能影响到组织内的成员。比如路易斯等（Louis et al.，1989）研究发现组织层次的规范能够影响组织内成员的个性。海斯勒和科利瓦斯（Haeussler and Colyvas，2011）的研究也证实了这一点，他们发现如果科研人员所在组织的其他同事很在意专利和获奖等，那么该学者也更有可能参与校企合作。在校企合作中，企业通常只需要付出资金，就可以获得对其有用的技术创新成果，对企业来说这是获得科学知识的捷径之一，所以企业才寻求与高校或高校科研人员进行合作。

对高校组织或高校科研人员来说，与企业合作能够加速技术知识从高校向企业转移从而加速了企业创新，同时还能增加其科研经费，所以他们也很希望与企业进行合作。有研究指出，校企知识转移的方向并不是单向的，也就是说通过与企业合作，高校科研人员也能获得企业所拥有的部分知识，企业所拥有的通常都是应用研究领域的知识，所以科研人员与企业合作次数越多，该科研人员获得来自企业的知识也会越多，此时校企合作氛围对组织内科研人员技术能力的提升就是有益的。但是当组织内存在高程度的校企合作氛围时，组织成员普遍与企业高度合作而很少申请纵向课题。而且高程度的校企合作氛围也有可能增加组织内成员的保密意识，从而限制组织内成员的沟通，这可能会对组织内成员提升技术能力产生不利影响。

根据以上理论分析，提出假设 3 - 9。

假设 3 - 9：跨层次视角下，组织层次的校企合作氛围对组织内科研人员技术能力的影响呈倒"U"型。

从校企合作的角度来看，科研人员参与校企合作会从企业获得不同的想法。当科研人员在具备足够技术能力的情况下，其与企业方进行沟通则更有可能引导新的技术产生和应用，同时也有可能促进学术新思路的产生从而提升其科研绩效。有学者将技术能力较强的科研人员称为学术型发明家（academic inventor），里索尼（Lissoni，2010）研究指出学术型发明家能够在高校知识向企业的流动过程中充当中介，此时其实是科研人员的技术能力起到了中介作用。

本书认为组织层次的校企合作氛围通过影响科研人员的技术能力这一中介过程影响组织科研人员科研绩效。因此，提出假设 3 - 10。

假设 3 - 10：科研人员的技术能力在校企合作氛围与高校科研人员科研绩效之间起跨层次的中介作用。

综上，跨层次视角下技术能力对校企合作氛围与高校科研人员科研绩效关系中介作用的概念模型如图 3 - 10 所示。

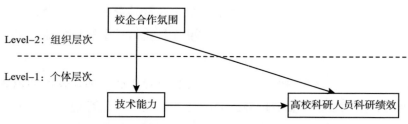

图 3 - 10　跨层次视角下技术能力对校企合作氛围与高校科研人员
科研绩效关系中介作用的概念模型

二、研究设计

（一）样本选择与数据来源

本书个体层次的研究样本是来自哈工大工科、理科、管理学科和社会人文学科等的科研人员，考虑到 HLM 模型对 Level－2 层次数据的要求，组织层次校企合作氛围的相关数据来自哈工大各学院的系，时间跨度为 2010～2014 年，并按以下原则进行筛选：（1）由于选用多层次分析方法，组织样本选择时剔除第一层小于 5 人的组织样本；（2）由于个体样本中哈工大深圳研究院和威海分校的相关人员数据只显示所在学院或校区而不显示具体的系和学科，所以个体层次只包含哈工大本部科研人员的相关数据。

最终第一层个体层次的样本数为 987 个，第二层组织层次的样本数为 54 个。参照马斯和霍克斯（Maas and Hox，2005）的研究成果，在 Level－2 样本数大于 50 个，且每个群体包含至少 5 个个体样本的情况下，多层次研究的回归系数、方差以及标准误的估计皆无偏误且正确。所以，本书的研究样本数能够支持多层次分析方法。

（二）变量定义

1. 因变量：科研绩效（research performance）

此处指科研人员的科研绩效，同上一章一样，利用高校科研人员 2012～2014 年在 WoS 数据库中的 h 指数来衡量。

2. 自变量：校企合作氛围（university-industry collaboration culture）

这是 Level－2 层次的变量，是指组织层次的校企合作强度。组织层次是指哈工大各学院的系，所以用各系 2010～2014 年获得的横向课题经费占总科研经费的比例来衡量。同时，为了验证假设 3－7 和假设 3－8，本书在模型中会加入校企合作氛围的平方项——UIC culture square。

3. 中介变量：技术能力（technological capability）

参照相关学者的研究（贡金涛等，2015），本书认为高校科研人员申请的专利数能够衡量其技术能力，专利数的时间窗为 2010～2014 年，数据来源于中国国家知识产权局。

4. 控制变量

参照第四章的研究结果，第一层的控制变量只引入科研人员的教育程度（education）和职称（academic rank）这两个与因变量相关性最显著的变量作为控制变量。变量的具体说明如表 3－14 所示。

表 3 – 14　　　　　　　　　　　　　变量说明

层次	变量	说明	时间窗
个人层次	科研绩效	科研人员的在 WoS 数据库中的 h 指数	2012～2014 年
	技术能力	科研人员在国家知识产权数据库中授权的专利数	2010～2014 年
	教育程度	虚拟变量 如果该科研人员在 2014 年已经获得博士学位， 则值为 1；否则为 0	—
	职称	虚拟变量 如果该科研人员在 2014 年为教授，则值为 1；否则为 0	—
组织层次	校企合作氛围	组织获得的横向课题经费占总科研经费的比例	2010～2014 年

（三）模型构建

1. 校企合作氛围影响高校科研人员科研绩效的跨层次模型

为达到分析目的，本书选用阶层线性及非线性模型方法来研究组织层次的校企合作氛围对组织内科研人员科研绩效的影响以及科研人员技术能力的跨层次中介作用，所使用的分析软件为 HLM 7.0。

校企合作氛围影响高校科研人员科研绩效的跨层次模型如式（3 – 6）和式（3 – 7）所示。其中式（3 – 6）是个体层次的模型，式（3 – 7）是组织层次的模型，r_{ij} 和 u_{0j} 分别是个体层次和组织层次的残差。

Level – 1 Model：

$$科研绩效_{ij} = \beta_{0j} + \beta_{1j}（教育程度）+ \beta_{2j}（职称）+ r_{ij} \qquad (3-6)$$

Level – 2 Model：

$$\beta_{0j} = \gamma_{00} + \gamma_{01}（校企合作氛围）+ \gamma_{02}（校企合作氛围的平方）+ u_{0j}$$

$$(3-7)$$

2. 引入技术能力变量的跨层次中介效应模型

由于本书需要验证组织层次校企合作氛围通过倒"U"型曲线效应影响组织内科研人员的技术能力，进而影响其科研绩效，促成了校企合作氛围与科研人员科研绩效之间的倒"U"型关系，因此传统的三步骤检验方法无法清晰地展现变量之间的关系路径，所以本书采用穆勒（Muller，2005）提出的被中介的调节效应模型（Mediated Moderation Effect Model）来检验本书所提出的假设，因为这种方法能够完整地分析出中介模型中所有可能路径上的调节效应，所以只要将调节变量与自变量设为同一个，就能够分析自变量与因变量之间倒"U"型的中介过程，如图 3 - 11 所示。

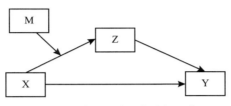

图 3 - 11 被中介的调节路径示意图

为检验如图 3 - 11 所示的被中介的调节模型，需要三个回归方程按步骤分别检验：

$$Y = \alpha_0 + \alpha_1 X + \alpha_2 M + \alpha_3 X \cdot M + e_0 \qquad (3-8)$$

$$Z = \beta_0 + \beta_1 X + \beta_2 M + \beta_3 X \cdot M + e_1 \qquad (3-9)$$

$$Y = \gamma_0 + \gamma_1 X + \gamma_2 M + \gamma_3 X \cdot M + \gamma_4 Z + \gamma_5 Z \cdot M + e_2 \qquad (3-10)$$

如式（3 - 8）至式（3 - 10）所示，检验被中介的调节作用存在要分三步：（1）在式（3 - 8）中，自变量与调节变量的交互项 $X \cdot M$ 的系数 α_3 显著不等于 0，此时变量 M 显著调节了自变量 X 与因变量 Y 之间的关系；（2）在式（3 - 9）中，自变量与调节变量的交互项 $X \cdot M$ 的系数 β_3 显著不等于 0，此时变量 M 显著调节了自变量 X 与中介变量 Z 之间的关系；（3）式（3 - 10）中，Z 的系数 γ_4 显著不等于 0，同时自变量与调节变量的交互项 $X \cdot M$ 的系数 γ_3 不再显著，或者仍然显著但是小于式（3 - 8）中的 α_3，此时说明 M 对 X 与 Y 之间关系的调节发生在 X 到 Z 的关系路径上。同时，中介变量与调节变量的交互项 $Z \cdot M$ 的系数 γ_5 不显著，说明 M 的调节作用没有发生在 Z 到 Y 的路径上。

在这个研究中，Y 为因变量科研人员科研绩效，自变量 X 和调节变量 M 为同一个变量校企合作氛围，中介变量 Z 是技术能力，$X \cdot M$ 即为自变量校企合作氛围的平方项，$Z \cdot M$ 为技术能力与校企合作氛围的交互项。

三、实证分析

（一）描述性统计、相关性分析与多重共线性检验

表 3 – 15 按照个人层次和组织层次显示了主要研究变量的均值、标准差、最小值、最大值、相关系数及显著性。

表 3 – 15　　　　　　　　变量描述性统计及相关性分析

层次	变量	样本数	均值	标准差	最小值	最大值	1	2	3	4
个人层次	科研绩效	987	3.4	4.06	0	37	1.000	—	—	—
	技术能力	987	6.51	10.613	0	133	0.339***	1.000	—	—
	技术能力平方	987	154.895	793.423	0	17689	0.183***	0.819***	1.000	—
	教育程度	987	0.83	0.37	0	1	0.196***	0.138***	0.063**	1.000
	职称	987	0.66	0.47	0	1	0.26***	0.155***	0.094***	0.148***
组织层次	校企合作氛围	54	0.451	0.304	0.01	0.99	—	—	—	—

注：***p < 0.01；**p < 0.05；*p < 0.1。

从表 3 – 15 可以看到：（1）科研人员的技术能力均值为 6.51，而标准差为 10.613，说明技术能力在科研人员之间差异性较大；（2）教育程度、职称和技术能力都在 0.01 的显著性水平上与科研人员科研绩效正相关，且其中技术能力的相关系数最大，为 0.339；（3）组织层次的校企合作氛围变量的均值为 0.451，明显小于全体科研人员的校企合作强度均值（0.556）；（4）除了技术能力的平方项与技术能力之间相关性较大（0.819），其他变量之间的相关性都较小；（5）只从相关关系来看，技术能力和其平方项都在 0.01 显著水平上与科研人员科研绩效正相关。

需要指出的是，从表 3 – 15 中可以看到个体层次变量，除了科研绩效与各自变量存在相关关系外，各自变量之间也都是显著正相关的。为了检验自变量之间是否存在多重共线性问题，本书做了 VIF 检验，结果如表 3 – 16 所示。

表 3 - 16　　　　　　　　　　　　　VIF 检验

变量	技术能力	技术能力平方项	教育程度	学历
VIF 值	3.59	5.43	1.17	1.23

从表 3 - 16 可以看到，个体层次的自变量中，VIF 值最大为 5.43，小于 10，所以自变量之间不存在多重共线性问题。

（二）假设检验

本书使用的分析方法和软件为 HLM。结合式（3 - 8）至式（3 - 10），通过以下 5 个步骤对跨层次模型进行分析，以检验假设（结果见表 3 - 17）。

步骤 1：零模型（Null Model）

由于本书假设高校科研人员个体层次的科研绩效可由个体层次与组织层次的变量来预测，所以必须显示出高校科研人员个体的科研绩效在个体层次与组织层次上存在变异，需要首先建立没有预测因子的虚无模型，只有组内与组间的变异成分显著，即 ICC(1) > 0.12，才能够进行下一步的截距与斜率项分析。模型如下。

Level - 1 Model：科研绩效$_{ij}$ = β_{0j} + r_{ij}

Level - 2 Model：β_{0j} = γ_{00} + u_{0j}

在上述模型中，

β_{0j} = 第 j 个系的科研绩效平均数；

γ_{00} = 科研绩效的总平均数；

r_{ij}的方差 = σ^2 = 科研绩效的组内方差；

u_{0j}的方差 = τ_{00} = 科研绩效的组间方差。

由于科研绩效的总方差 = σ^2 + τ_{00}，可以计算出 ICC(1)，即科研绩效组间方差的百分比，其公式如式（3 - 11）所示。

$$ICC(1) = \tau_{00}/(\sigma^2 + \tau_{00}) \tag{3 - 11}$$

由表 3 - 17 可知，科研绩效的组间方差 τ_{00} = 4.264，且卡方检验的结果表明组间方差是显著的：$\chi^2(53)$ = 321.704，p < 0.001。组内方差 σ^2 = 13.043，所以 ICC(1) = 0.246，表明科研人员科研绩效的变异数（σ^2 + τ_{00} = 17.307）中，由于组别差异所造成的变异程度为 4.264，占总体变异的 24.6%，

其他 75.4% 的变异来自员工个体层次。根据詹姆斯（1982）建议的标准（大于 0.12），这属于强关联程度，不需要再继续计算 ICC（2）的值，可以认为不宜以一般的回归模型进行分析，应采用 HLM 模型加以分析。

步骤 2：检验假设 3 – 8（随机参数回归模型）

为检验假设 3 – 8，第二步运用随机参数回归模型，将科研人员的教育程度、职称和技术能力变量加入 Level – 1，用以验证假设 3 – 8 是否成立，同时也将判定不同个体的科研绩效是否具有不同的截距与斜率，为检验组织层次（Level – 2）情境变量的影响创造条件。需要指出的是，教育程度和职称是本书的控制变量，本书不探讨其随机变动是否对科研人员的科研绩效有影响，所以在 Level – 2 对其系数进行估计时，没有加入随机效果（误差项 u）。模型如下：

Level – 1 Model：

$科研绩效_{ij} = \beta_{0j} + \beta_{1j}(教育程度) + \beta_{2j}(职称) + \beta_{3j}(技术能力) + r_{ij}$

Level – 2 Model：$\beta_{0j} = \gamma_{00} + u_{0j}$

$\beta_{1j} = \gamma_{10}$

$\beta_{2j} = \gamma_{20}$

$\beta_{3j} = \gamma_{30} + u_{3j}$

在上述模型中，

$\gamma_{00} = $ 跨组织截距项的平均数；

$\gamma_{30} = $ 跨组织斜率的平均数（用来检验假设 3 – 8）；

r_{ij} 的方差 $= \sigma^2 = $ Level – 1 残差的方差；

u_{0j} 的方差 $= \tau_{00} = $ 截距的方差；

u_{3j} 的方差 $= \tau_{30} = $ 斜率的方差。

在上述模型中，γ_{00} 和 γ_{10} 分别代表 Level – 1 的系数（即 β_{0j} 和 β_{3j}）的跨组织的平均数，其中 γ_{30} 表示技术能力与科研绩效跨组织的关系，因此可用来检验假设 3 – 8。由表 3 – 17 可知，控制变量教育程度和职称都在 0.01 的显著水平上显著，技术能力的系数 γ_{30} 为 0.129，且在 0.01 的显著水平上与科研绩效正相关，假设 3 – 8 得到支持。此外，截距的方差 $\tau_{00} = 1.509$（$\chi^2(53) = 112.906$，$p < 0.001$），表明在 Level – 2 中可能存在组织层次的因子，因此接

下来检验假设 3 – 7。

步骤 3：检验假设 3 – 7（截距项预测模型）

为检验假设 3 – 7，将校企合作氛围加入 Level – 2，而 Level – 1 中只保留控制变量，估计以截距作为结果变量的模型：

Level – 1 Model：科研绩效$_{ij}$ = β_{0j} + β_{1j}（教育程度）+ β_{2j}（职称）+ r_{ij}

Level – 2 Model：

$$\beta_{0j} = \gamma_{00} + \gamma_{01}（校企合作氛围）+ \gamma_{02}（校企合作氛围的平方）+ u_{0j}$$

$$\beta_{0j} = \gamma_{10}$$

$$\beta_{2j} = \gamma_{20}$$

在上述模型中，

γ_{00} = Level – 2 的截距项；

γ_{20} = 校企合作氛围对科研绩效的影响效果（用来检验假设 3 – 7）；

r_{ij} 的方差 = σ^2 = Level – 1 残差的方差；

u_{0j} 的方差 = τ_{00} = 截距的方差；

上述模型中，γ_{20} 是表示控制了 Level – 1 的教育程度和职称变量后，校企合作氛围与科研人员科研绩效之间的关系估计数。由表 3 – 17 可知，γ_{20} = – 12.888，$p < 0.01$，说明组织层次的校企合作氛围对科研人员科研绩效的影响不是线性的，而是倒 "U" 型的，因此假设 3 – 7 得到支持。

步骤 4：检验假设 3 – 9（截距项预测模型）

为检验假设 3 – 9，Level – 2 变量保持不变，而在 Level – 1 以科研人员的技术能力作为因变量，估计以下以截距作为结果变量的模型：

Level – 1 Model：技术能力$_{ij}$ = β_{0j} + β_{1j}（教育程度）+ β_{2j}（职称）+ r_{ij}

Level – 2 Model：

$$\beta_{0j} = \gamma_{00} + \gamma_{01}（校企合作氛围）+ \gamma_{02}（校企合作氛围的平方）+ u_{0j}$$

$$\beta_{0j} = \gamma_{10}$$

$$\beta_{2j} = \gamma_{20}$$

在上述模型中，

γ_{00} = Level – 2 的截距项；

γ_{20} = 校企合作氛围对技术能力的影响效果（用来检验假设 3 – 9）；

r_{ij} 的方差 $= \sigma^2 = $ Level -1 残差的方差;

u_{0j} 的方差 $= \tau_{00} = $ 截距的方差;

上述模型中, γ_{02} 是表示控制了 Level -1 的教育程度和职称变量后, 校企合作氛围与科研人员技术能力之间的关系估计数。由表 3 $-$ 17 可知, $\gamma_{02} = -35.078$, $p < 0.01$, 说明组织层次的校企合作氛围对科研人员技术能力的影响不是线性的而是倒 "U" 型的, 因此假设 3 -9 得到支持。

步骤 5: 检验假设 3 $-$ 10 (斜率项预测模型)

为检验假设 3 $-$ 10, 本书估计一个以斜率作为结果变量 (slopes-as-outcomes) 的模型。也就是说, 将 Level -2 的校企合作氛围作为斜率系数 (β_{3j}) 的预测因子, 以得知此 Level -2 的变量是否可以解释斜率的变异。此外, 因为是跨层次交互作用, 故 Level -1 中的技术能力变量要进行组别中心化, 而在 Level -2 中将其作为一个自变量, 且使用组别均值。模型如下:

Level -1 Model:

科研绩效$_{ij} = \beta_{0j} + \beta_{1j}($ 教育程度 $) + \beta_{2j}($ 职称 $) + \beta_{3j}($ 技术能力 $_{组别中心化}) + r_{ij}$

Level -2 Model:

$$\beta_{0j} = \gamma_{00} + \gamma_{01}(校企合作氛围) + \gamma_{02}(校企合作氛围的平方)$$
$$+ \gamma_{03}(技术能力组别均值) + u_{0j}$$
$$\beta_{0j} = \gamma_{10}$$
$$\beta_{2j} = \gamma_{20}$$
$$\beta_{3j} = \gamma_{30} + \gamma_{31}(校企合作文化) + u_{3j}$$

在上述模型中,

$\gamma_{00} = $ Level -2 的截距项 (以 Level -1 Model 的截距为因变量);

$\gamma_{01} = $ 校企合作氛围的斜率;

$\gamma_{02} = $ 校企合作氛围平方项的斜率 (用来检验假设 3 $-$ 10);

$\gamma_{30} = $ Level -2 的截距项 (以 Level -1 Model 中技术能力的斜率为因变量, 用来检验假设 3 $-$ 10);

$\gamma_{31} = $ Level -2 的斜率, 即校企合作氛围对科研人员技术能力与科研绩效关系的调节效果 (用来检验假设 3 $-$ 10);

r_{ij} 的方差 $= \sigma^2 = $ Level -1 残差的方差;

u_{0j} 的方差 $= \tau_{00} = $ 截距的方差;

u_{3j} 的方差 $= \tau_{30} =$ 斜率残差的方差。

假设 3 - 10 是预测技术能力在组织校企合作氛围与科研人员科研绩效之间起到跨层次的中介作用。由表 3 - 17 可以看到，Level - 1 技术能力组别均值的系数 γ_{30} 为 0.136 且在 0.01 的水平上显著，Level - 2 的技术能力组均值系数 γ_{30} 为 0.156 也在 0.01 的水平上显著。校企合作氛围平方的系数 γ_{02} 依然在 0.01 的水平上显著，但是系数为 - 8.693，其绝对值小于步骤 3 中 γ_{02} 的数值 - 12.888，而且技术能力与校企合作氛围的交互项的系数 γ_{31} 不显著，说明调节作用没有发生在科研人员技术能力到科研绩效这一路径上。综上所述并结合各模型的结果，组织层次校企合作氛围对高校科研人员技术能力的倒"U"型关系会经由技术能力的部分中介作用而影响到组织内高校科研人员个人的科研绩效，因而假设 3 - 10 获得支持。

表 3 - 17   HLM 的分析结果

变量	虚无模型	随机模型	截距模型		斜率模型
	步骤 1	步骤 2	步骤 3	步骤 4	步骤 5
截距项（γ_{00}）	3.711 *** (0.317)	0.921 *** (0.292)	1.447 *** (0.331)	6.585 *** (0.528)	1.849 *** (0.312)
Level - 1 预测因子					
教育程度（γ_{10}）	—	1.152 *** (0.26)	1.325 *** (0.29)	2.248 *** (0.629)	1.09 *** (0.269)
职称（γ_{20}）	—	1.401 *** (0.307)	1.728 *** (0.325)	2.874 *** (0.56)	1.408 *** (0.314)
技术能力（γ_{30}）	—	0.129 *** (0.017)	—	—	0.136 *** (0.015)
Level - 2 预测因子					
校企合作氛围（γ_{01}）	—	—	11.672 *** (2.861)	29.828 *** (7.882)	7.855 ** (3.195)
校企合作氛围平方（γ_{02}）	—	—	- 12.888 *** (2.749)	- 35.078 *** (7.665)	- 8.693 *** (3.212)

续表

变量	虚无模型	随机模型	截距模型		斜率模型
	步骤1	步骤2	步骤3	步骤4	步骤5
技术能力组均值（γ_{03}）	—	—	—	—	0.156 *** (0.069)
跨层次交互效应	—	—	—	—	—
技术能力× 校企合作氛围（γ_{31}）	—	—	—	—	0.076 (0.07)
方差	—	—	—	—	—
σ^2	13.043	10.728	12.157	95.277	9.748
τ_{00}	4.264	1.509	2.523	8.03	2.659
τ_{31}	—	0.007	—	—	0.003
离异数	5428.185	5270.563	5329.023	7323.513	5229.443

注：*** $p < 0.01$；** $p < 0.05$；* $p < 0.1$。

四、研究结论与讨论

本书从跨层次视角，实证检验组织层次校企合作氛围对组织内科研人员科研绩效的影响，以及科研人员技术能力的跨层次中介作用。通过对哈尔滨工业大学54个系的987名科研人员的相关数据进行分析，利用 HLM 方法和软件，本书得出以下结论。

（1）跨层次视角下，组织层次的校企合作氛围对组织内科研人员科研绩效的影响呈倒"U"型。通过对国内外相关文献的梳理发现，很少有学者从跨层次的视角研究校企合作氛围对高校科研人员科研绩效的影响。本书的理论分析认为，当科研人员所在组织具有较低程度的校企合作氛围时，可以促进组织内科研人员的科研绩效提升。这是因为较低程度的校企合作氛围有利于科研人员获得新知识，并增加与企业接触的机会，从而推动学术和应用领域的创新。然而，随着组织内校企合作氛围的增强，其对科研人员科研绩效的正向影响会达到一个最高点。超过这个最高点，继续提升校企合作氛围可能会对科研人员的科研绩效产生负向影响。实证研究结果也支持了这一假设，表明过浓的校企合作氛围可能导致科研人员过度投入合作项目，分散时间和精力，甚至可能偏离研究方向，从而对科研绩效产生负面影响。

（2）科研人员的技术能力与科研绩效呈显著正相关。这一研究结果验证了前人的观点。这说明科研人员的技术能力在一定程度上促进了其科研绩效的提升。也就是说，在不考虑学科背景的情况下，校企合作强度较低时对高校科研人员的科研绩效有促进作用。因为从事校企合作的科研人员主要与企业在应用研究领域进行合作，有助于他们在学术研究和应用研究之间取得平衡。

（3）跨层次视角下，组织层次的校企合作氛围对科研人员的技术能力呈倒"U"型影响。组织的校企合作氛围有利于科研人员寻找合作企业，并通过与其他同事交流获取来自企业的新知识或信息，从而促进科研人员的技术能力提升。然而，高程度的校企合作氛围可能会限制科研人员与其他同事的交流，并带来保密性问题。当科研人员意识到组织内其他同事也高度参与校企合作时，他们可能会特别关注保密性问题，导致科研人员的技术能力受到负向影响。

（4）科研人员的技术能力在组织层次校企合作氛围与高校科研人员科研绩效之间起到跨层次的部分中介作用。当组织的校企合作氛围较低时，提升校企合作氛围有助于提升科研人员的技术能力，而技术能力的增加又会促进组织内科研人员的科研绩效。然而，校企合作氛围对科研人员技术能力的影响呈倒"U"型，超过一定程度后继续提升校企合作氛围可能会对科研人员的技术能力产生负向影响，并通过技术能力的部分中介作用降低科研人员的科研绩效。这说明校企合作氛围的倒"U"型关系通过技术能力的中介作用影响着科研人员的科研绩效。

五、理论意义及管理启示

理论意义在于填补了校企合作研究领域的一些空白，为校企合作对高校科研绩效影响机制的理解提供了新的视角。

首先，本书从跨层次的角度出发，探讨了校企合作氛围对组织内科研人员科研绩效的影响。以往的研究主要集中在个体层面，关注科研人员个体特征与科研绩效之间的关系，而较少关注组织层面因素对科研绩效的影响。通过跨层次的研究设计和分析方法，我们能够更全面地理解组织层次校企合作氛围与科研绩效之间的关系，这对于提高校企合作效果、优化组织管理和决策具有重要的理论和实践意义。

其次，本书引入了技术能力这一重要变量，探讨了技术能力在校企合作氛围与科研绩效之间的中介作用。技术能力是科研人员核心的能力之一，直接关系到其在科研领域的表现和成果。通过验证技术能力在校企合作氛围与科研绩效之间的中介作用，本书揭示了一个新的机制，即校企合作氛围通过提升科研人员的技术能力来影响其科研绩效。这一中介关系的发现丰富了校企合作研究的理论基础，也为高校和科研机构在制定校企合作策略时提供了重要的参考。基于以上理论意义，本书为高校内部院系管理者制定校企合作策略和制度提供了一定的指导。对于那些校企合作氛围较低的组织，管理者可以通过建立鼓励和支持科研人员参与校企合作的政策和机制来提高校企合作的氛围和密切程度。这有助于科研人员获取来自企业的新知识和信息，促进技术能力的提升，进而提升科研绩效。对于那些校企合作氛围较高的组织，管理者可以思考如何限制组织内部成员的校企合作活动，以保护机密性和避免技术能力过于分散的问题。通过调整校企合作强度，可以更好地平衡校企合作的影响，提升科研人员的技术能力和科研绩效。

总体来说，本书得到的结论在校企合作领域的理论研究中具有重要意义。通过跨层次视角和技术能力的引入，我们深入探讨了组织层次校企合作氛围对科研绩效的影响机制，填补了相关研究的空白。这对于指导高校和科研机构在校企合作中的决策和实践具有重要的参考价值。希望本书能够为相关领域的学者和管理者提供新的思路和理论支持，推动校企合作的深入发展，提高高校科研绩效的水平。

本 章 小 结

本章的研究内容可以总结为"一个问题，两个层次，三个视角"。一个问题：本书系统研究了校企合作如何影响中国高校科研绩效这一问题。两个层次：本书将校企合作对中国高校科研绩效的影响分为高校组织层次和高校科研人员个体层次。三个视角：从组织层次视角，采用动态面板系统广义矩模型（Sys-GMM），探讨了中国高校组织层次的校企合作对高校整体科研绩效的影响，以及高校类型的调节作用；从个体层次视角，采用负二项回归模型，探讨了中国高校科研人员个体层次的校企合作对高校科研人员科研绩效的影响，以及高校科研人员社会资本的调节作用；从跨层次视角，采用多层线性模型，探讨了中国高校组织层次的校企合作氛围对中国高校科研人员科研绩效的跨层次影响，以及高校科研人员技术能力的跨层次中介作用。

本章的主要研究成果如下。

（1）组织层次视角下，构建了校企合作影响高校整体科研绩效的直接效应模型及引入高校类型变量的调节效应模型，揭示了校企合作对中国高校整体科研绩效的直接影响，以及高校类型对两者关系的调节作用。

研究发现，组织层次视角下校企合作对中国高校整体科研绩效的影响呈倒"U"型，而高校类型对两者关系具有显著的负向调节作用。校企合作强度只有控制在一定范围内，才能对高校科研绩效起显著正向作用；超过一定限度后，则会对高校整体科研绩效产生显著负向影响。同时，与非研究型大学相比，研究型大学与企业合作对其科研绩效影响的倒"U"型曲线具有更高的极值点，并且能在较低校企合作强度的情况下到达科研绩效的极值点。

（2）个体层次视角下，构建了校企合作影响高校科研人员科研绩效的直接效应模型及引入社会资本变量的调节效应模型，揭示了校企合作对中国高校科研人员科研绩效的直接影响，以及社会资本对两者关系的调节作用。

研究发现，在全体科研人员样本下，校企合作对高校科研人员科研绩效的影响呈倒"U"型，代表社会资本结构维度和关系维度的网络规模和关系强度对校企合作与高校科研人员科研绩效的关系都具有显著的正向调节作用；在工科科研人员样本下，校企合作对科研人员科研绩效的影响是显著负向的，关系强度对两者关系有显著的正向调节作用，但网络规模的调节作用并不显著。

（3）跨层次视角下，构建了校企合作氛围影响高校科研人员科研绩效的直接效应模型及引入技术能力变量的"2－1－1"跨层次中介效应模型，揭示了中国高校组织层次的校企合作氛围对高校科研人员科研绩效的跨层次影响，以及技术能力对两者关系的跨层次中介作用。

研究发现，跨层次视角下组织层次的校企合作氛围对高校科研人员科研绩效的影响呈倒"U"型，而科研人员的技术能力在两者之间起跨层次的部分中介作用，也就是说组织层次的校企合作氛围对科研人员技术能力的倒"U"型关系会经由技术能力的部分中介作用而影响到科研人员的科研绩效。

第四章　校企合作对高校技术创新的影响

习近平总书记在党的二十大报告中指出，加强企业主导的产学研深度融合，强化目标导向，提高科技成果转化和产业化水平。可见，在建设国家创新系统的进程中，官产学研合作模式至关重要。它是一种多方合作的创新模式，通过政府、企业、高校和科研机构之间的密切合作与协同，推动社会进步和科技创新，并且对参与校企合作的主体都具有很大的价值。

对高校来说，参与校企合作是其发挥社会服务职能的重要途径之一。高校通过与企业合作，能够将自身的研究成果应用于实际生产和解决社会问题中，进一步提升科研水平和学术声誉。与企业的合作为高校带来更多的科研经费、市场化的研究方向以及行业内的新技术和新知识，为高校提供更多的资源支持和实践平台，有助于培养具有实践能力和创新精神的优秀人才。

对企业而言，参与校企合作可以降低自身的研发成本和研发风险。借助高校的科研资源和专业人才，企业能够加速产品创新和技术升级，提升自身的竞争力和市场份额。与高校的合作还能帮助企业获取外部资源，拓宽业务领域，实现跨界合作和创新发展。通过与高校合作，企业能够更好地应对市场挑战，提高技术水平和产品质量，实现可持续发展。

随着信息全球化的发展和近年来中美贸易摩擦加剧，我国对产权尤其是知识产权的管理和保护意识不断提高，重视本土企业的自主创新能力和自主知识产权保护，将自主创新和创新驱动发展提升到国家战略的高度。专利作为对知识产权保护最有效的形式，体现了国家对于自主创新成果及发明的支持与保护。近年来，校企合作项目在数量上有显著提升，校企合作研究领域也受到了学者们的广泛关注。然而，科研是高校的基本职能，因此不能因盲目地追求为社会服务的第三职能而忽视了自身的科研产出和绩效。学术界也关注到产学合作对高校科研工作产生的影响，并研究了产学合作模式下高校科研绩效的演化过程。这说明深入探究产学合作对高校科研产出绩效的影响对提升高校自主创新能力和科研水平有重要价值。

然而，已有研究主要以基础研究成果（论文产出）作为衡量科研绩效的指标，研究校企合作的影响。缺乏以应用研究成果（专利产出）为指标衡量科研绩效进行影响效应的研究。从科研活动的产出环节来看，高校科研绩效包括以基础研究为主的论文产出和以应用研究为主的专利产出。专利作为衡量科研绩效的重要指标之一，能够客观地反映出创新能力和创新水平在国际上已经得到认可。因此，有必要在研究高校科研绩效时增加专利维度，全面衡量高校在校企合作中的科研绩效，研究校企合作对高校专利的产出有何影响。这样的研究将有助于更深入地理解校企合作对高校创新能力和科研水平的影响，进而提升我国高校的自主创新能力和国际竞争力。

通过深入研究校企合作对高校专利产出的影响，可以揭示出许多有益的发现。首先，校企合作可以提供更多的资源支持和实践平台，有助于高校加强专利申请和技术转化的能力。企业作为实践主体，能够协助推动高校将研究成果转化为实际应用，从而增加专利产出。其次，校企合作能够促进科研人员与企业工程师之间的密切合作与交流，激发创新思维和技术创造力，提高专利产出的质量和水平。不仅可以解决实际问题，还可以创造出更有竞争力的专利成果。此外，校企合作还可以为高校提供更广阔的研究领域和创新方向，拓宽研究视野，为高校科研人员提供更多的机会和动力，推动专利产出的增长。

综上所述，校企合作作为官产学研合作创新的重要表现形式，在推动社会进步和科技创新上发挥着重要作用。参与校企合作对高校和企业都具有诸多好处，能够提升科研水平、创新能力和竞争力。通过深入研究校企合作对高校专利产出的影响，可以全面衡量校企合作的效果，进一步推动我国高校自主创新能力和国际竞争力的提升。

第一节　理论分析与研究框架

一、校企合作对高校专利产出的影响

高校作为教书育人和科学研究的主要场所，通常与市场存在一定程度的脱节，高校的科技成果产业化及市场资源与企业相差较大，市场运作等各方面能力更是有所缺失，而企业则缺乏足够的人力、物力、时间进行专利技术研发，同时，仅依靠在社会购买科技成果用于生产也存在很大的风险。因此，近年来随着高校与政府、企事业单位、科研和中介机构合作的不断增多，高校表现出的对企业等组织机构科技成果和知识的转移能力不断获得社会各界的支持和认可，也受到了国内外学者的广泛关注和研究。

校企合作模式的出现，使高校科研优势在得到充分发挥的同时也降低了企业等组织购买或独立研发的风险，使双方实现优势互补。我国于 20 世纪 90 年代开始倡导产学研合作尤其是校企合作，但是近 30 年来也产生了诸多不足，例如校企合作政策法规不够系统全面、产权划分不明确、合作深度不够、科技成果转化效率不高、利益分配方式不完善等。

尽管存在诸多不足，但近年来校企合作数量仍然在不断上升，作为合作创新的方式之一，其对高校专利产出的影响也受到了学者们的关注，通过梳理文献发现，校企合作与高校专利产出关系的研究多聚焦于科研人员个体视角，且样本多来自美、英、德、日等发达国家和地区。

以高校为研究对象，在宏观组织层面的研究中，一部分学者认为，合作双方都存在自身的优势与不足，合作的目的在于充分发挥优势和弥补自身的不足，进而使合作效益最大化。高校的优势表现为具有充足的科研人员和科研时间、能够提供科研场所和科研设备、创新能力和创造能力强，缺点是缺乏科研资金。企业的优势表现为有充足的资金支持科研攻关，能够弥补高校资金方面的不足，但是企业相对缺乏科研人员和团队，研发能力有限，并且其追求短期经济效益的目的使企业无法承担科研风险并且不愿意投入大量人力和物力资源，而高校恰好能在此方面与企业优势互补，且高校更注重科技成果的产出和转化，因此校企合作对高校专利产出有促进作用。如霍滕罗特（2014）以德国大学为研究样本，发现企业在合作过程中可以为大学提供大量新的研究思路和研究方向，与中小型企业进行合作的大学通常会产生更多的专利。还有一部分学者认为，高校和企业在合作中的倾向是不同的，高校更倾向于基础研究，而企业更倾向于短期的经济效益，高校从企业获得的科研资金越多，研究思路越容易受到企业的影响，并且企业可能会产生科研成果推迟发布或保密等问题，长期来看不一定比与企业合作少的高校产生更多的专利，因此不利于高校的专利产出。

针对以上冲突结论，本书突破现有研究中的线性关系，尝试构建校企合作对高校专利产出的非线性关系假设，认为二者之间具有非线性关系。本书借鉴阿吉亚尔达伊斯（Aguiardaíz，2016）、王淑敏（2018）的研究思路，引入成本和收益两个经济学名词，将企业为高校带来的科研经费、不公开的数据、接近市场的新研究方向、行业显性和隐性知识及实验设备等作为校企合作中高校的收益，将企业的技术保密性要求、合作中用于沟通协调的时间、双方信任度低、企业注重短期效益等不利于高校科研产出的因素作为校企合作中高校的成本。

当高校和企业接受开放式创新理念并逐渐展开合作时，此时双方处于试错状态，校企合作强度较低。虽然企业为高校带来了一定数量的科研经费和与市场接轨的新的研究方向，但是合作之初由于双方背景差异导致信任程度低，对知识产权问题较为敏感并且心中有所保留。同时在合作协议中缺乏对知识产权的划分，导致在合作水平较低时，双方申请专利的意愿较弱，同时企业技术保密要求多、沟通成本高、企业不注重科研产出等问题对专利产出的负向影响程度较大，不利于高校的专利产出。因此，本书认为当校企合作强度低时，高校参与校企合作时，其付出的成本大于合作带来的收益，此时高校专利产出呈下降趋势。

随着校企合作强度的增加，高校校企合作成果在社会上的知名度显著提高，同时企业对高校的认可度和信任程度也随之提升，高校和企业在组织协调方面积累了一定的经验，此时这些被看作成本的因素给高校专利产出带来的不利影响程度逐渐减弱，也就是说高校付出的成本会减小，直到到达某一个合作程度，这种成本带来的不利影响最弱，此时高校在校企合作中付出的成本与获得的收益相当，高校的专利产出会达到一个最低点。

根据以上分析，提出假设 4 - 1。

假设 4 - 1：校企合作对高校专利产出的影响呈 "U" 型。

二、科研实力和高校规模的调节效应

对于高校组织来说，科研实力的强弱可能会影响其在校企合作过程中的专利产出，考虑到高校科研水平和科研投入的差异可能导致高校科研实力的变动与差异，而科研实力的主要表现形式就是高校的创新能力和创新绩效，因此引入科研实力变量来探讨其对校企合作与高校专利产出关系的调节作用。

科学研究作为高校的主要任务之一，科研实力往往代表着高校在许多方面都具有更多的资源，例如科研实力强的高校在 R&D 经费和 R&D 人员上的投入优于科研实力弱的高校，具有顶尖的科研技术团队和科研资源，对于科研成果的产出和对知识的创新有更强的能力，在与企业进行深入合作时，能够投入更多的资源，充分发挥其社会服务职能，进而得到更多的科研成果和专利产出；此外，企业在寻求与高校合作、寻找自己的合作伙伴时会优先考虑与科研实力强的大学进行合作。科研实力相对较弱的高校，其科研人员和经费等资源相对于科研实力强的高校可能存在一定的差距，其与企业合作程度的提高能够使其获得来自企业的科研经费和科研资源，但是可能并不会完全弥补自身差距带来的问题，因此校企合作对科研实力弱的高校专利产出的影响程度较科研实力强的高校小。

科研论文是高校科研劳动的成果，也是高校科技创新和科研绩效的重要表现，其产出数量是体现高校和其内部科研人员科研实力和科研水平的重要依据。近年来，以 SCI 论文数据评价高校和各科研主体的科研实力和水平，在国际学术界已经被广泛认同和使用。例如，王瑛等统计了我国工信部直属高校 2004 ~ 2013 年的 SCI 和 ESI 论文数据和引用数据，对高校的科研实力进行了研究；华琳（1999）认为 SCI 论文数量可以从侧面反映出高校的科研实力，并分析了 1996 年我国高校整体及不同学科领域在 SCI 发表论文的数据，将我国大学与世界知名大学进行了比较；古继宝等（2009）基于 10 年间 19 个学科的 SCI 论文数据，通过主成分和因子分析，评价了科研组织的科研实力和科研水平；孙裕金（2018）统计了江苏和安徽地区 7 所高校在知网上五年的论文数据，以论文数量、被引频次等 8 个指标对高校的科研实力进行了分析；罗伯特基于 SCI 数据库的论文数据，对我国的科研水平和科研实力进行了评价。

本书采用高校在 SCI 发表论文数量衡量高校的科研实力。高校的科研实力对校企合作与高校专利产出之间的关系产生影响，并能够调节这一关系。高校科研实力强时，最直接的表现是其技术和知识的创新能力强。科研实力强的高校具有扎实的科学研究基础，拥有优秀的科研团队和研究设施。在与企业进行合作时，高校能够充分发挥其科研基础和科研能力，将与企业的应用研究更多地转化为专利成果。通过合作实践，高校能够不断提升自身的创新绩效，达到合作目标并促进专利产出。此外，高校科研实力强时，企业在选择合作伙伴时更容易选择这样的高校。科研实力强的高校在企业眼中具有更高的科研能力认可度和信任程度。企业对高校的科研实力有更高的认可度，也愿意投入更多的经费用于合作项目，以突破技术瓶颈并获得短期商业利益。因此，高校的科研实力越强，校企合作中对高校专利产出的负向因素的影响可能会被弱化，而正向因素的影响可能会被强化，从而改善高校专利的产出。综上所述，高校的科研实力对校企合作与高校专利产出之间的关系具有调节作用。科研实力强的高校能够充分发挥其创新能力和科研基础，在合作过程中产生更多的专利成果。同时，企业更倾向于选择科研实力强的高校作为合作伙伴，从而促进专利产出。因此，提出假设 4 - 2。

假设 4 - 2：科研实力对校企合作与高校专利产出间的关系有正向调节作用。

本书认为高校规模也能调节校企合作与高校专利产出之间的关系。高校的规模是指高校在教师和学生方面的规模大小。在校企合作中，高校规模对于专利产出具有一定的影响。高校规模较大时，高校在社会上的知名度和影响力往往较大。规模大的高校通常具有较长的历史和丰富的教学经验，其在学术界和社会中的声誉较高。企业在选择合作伙伴时，往往更愿意选择与社会知名度高、规模大且教学质量高的高校进行合作。这是因为与知名高校合作可以提升企业的声誉和形象，增加企业的竞争力。因此，高校规模较大的优势能够在校企合作中对专利产出产生积极的影响。高校规模的扩大意味着拥有更多的教师和学生资源。教师和学生是高校的核心人力资源，也是科研工作的重要组成部分。高校规模大意味着拥有更多的教师和学生，能够投入更多的人力在科研工作中。在与企业进行合作时，高校能够调动更多的人力资源参与科研项目，提升科研实力和研发能力。更多的人力资源投入意味着更多的科研创新和研发活动，有利于专利的产出。因此，本书认为高校规模越大越有利于在校企合作中专利的产出。

综上所述，高校规模对校企合作与高校专利产出之间的关系具有调节作用。高校规模较大的优势在校企合作中能够发挥作用。高校规模大，知名度和影响力就越强，能够吸引更多的企业合作伙伴，促进校企合作的开展，进而提升专利产出。此外，高校规模大意味着拥有更多的教师和学生资源，可以投入更多的人力，从而增加科研创新和研发活动，进一步推动专利的产出。因此，提出假设4－3。

假设4－3：高校规模对校企合作与高校专利产出间的关系有正向调节作用。

而高校教师是高校技术创新、知识创新和科研的中坚力量，是参与校企合作和实现专利产出的主体，在创新产出方面具有决定性作用。因此，以高校教师人数为指标，对高校规模进行衡量。

第 二 节　研 究 设 计

一、样本选择与数据来源

本书拟选取我国39所"985"高校2008～2017年的面板数据作为样本，但在收集数据的过程中发现教育部在2008～2017年未曾公布国防科技大学的相关数据，由于该校数据缺乏，因此在样本中剔除国防科技大学；此外，在整理数据时发现中央民族大学和中国人民大学的校企合作强度过低，并且十年间合作专利申请量较少，因此本书认为相比于其他研究型"985"高校，这两所学校合作创新能力较弱，校企合作强度偏低，不具有较强的研究价值，因此从样本中剔除。最终，本书确定选取并采用除国防科技大学、中央民族大学和中国人民大学外的 36 所"985"高校 2008～2017 年的面板数据为样本，共计 360 个观测样本。所有科研经费和教师数量数据全部来自 2009～2018 年教育部高等教育司发布的《高校科技统计资料汇编》，所有专利数据来自国家知识产权局官方网站，高校 SCI 论文数据来自《科学引文索引》数据库。

二、变量定义

（一）因变量：专利产出（Patent Output）

本书的专利数据主要从国家知识产权局专利检索系统中检索，检索范围为上述 36 所高校在 2008～2017 年申请的所有合作专利，合作专利即为申请（授权）人有两个或两个以上并且其中一个为高校的专利。具体检索项为申请（授权）人和申请时间。以"大学＋集团""大学＋公司""大学＋厂"为检索式，时间为当年的 1 月 1 日至 12 月 31 日。将通过以上方式检索出的专利汇总至 Excel 中形成数据库。需要注意的是，在以上检索出的专利中可能存在申请人为包含高校名称的科研机构或公司和申请人中的企业名称同时具有"公司"和"集团"的现象，会造成专利数量偏多或同一专利重复计数的情况，因此对检索结果进行人工检查，筛选出重复的专利并进行人工剔除，最终对样本高校 2007～2018 年每年的合作专利数量进行汇总。

（二）自变量：校企合作强度（UIC Intensity）

对校企合作强度，借鉴班纳-锡等（2013）的研究，本书采用高校来自企业的横向科研经费占高校科研经费总量的比例来衡量，高校总科研经费数为高校从政府获取的科研经费与从企业获得的横向科研经费之和。

（三）调节变量

科研实力（Scientific Prowess）。高校的科研实力是高校创新能力和创新绩效的体现。舒华在研究中发现高校的科研实力对专利产出有显著正向影响，借鉴王瑛（2014）的研究，本书采用高校每年在 SCI 发表论文的数量衡量高校的科研实力，选取该指标衡量科研实力的原因还在于，高校在 SCI 发表论文的数量代表高校的科研实力和学术水平在国际学术界已经得到广泛的认同，也代表了高校创新能力和创新绩效。高校在 SCI 发表论文数量具有数据标准化、数据公开、数据可比性强和数据可采集性强的特点，因此用其衡量科研实力是合适的。

高校规模（Size）。本书认为高校的规模越大，高校在校企合作中越有优势，对高校的专利产出越具有改善作用，并采用高校教师数量作为衡量高校规模的指标，并将其设置为虚拟变量，在均值以上赋值为 1，否则赋值为 0。

（四）控制变量

纵向科研经费（Public Fund）。高校整体的科研成果产出与政府每年投入高校的科研资金高度相关，李盛竹（2018）在研究中发现政府投入的科研经费对高校专利产出具有重要影响，政府投入的经费越多，高校专利的产出越多，因此借鉴李盛竹的研究，将纵向科研经费作为研究的控制变量之一。

国家技术转移示范机构（TTO）。本书认为高校专利产出与技术转移机构有高度的相关关系，因此将其作为控制变量并设置成虚拟变量，即有 TTO 赋值为 1，没有 TTO 赋值为 0。

高校类型（Type）。本书借鉴武书连对中国大学的评价和分类，将大学按照科研得分分为研究 1 型大学和研究 2 型大学，并将其设置为虚拟变量，即研究 1 型大学赋值为 1，研究 2 型大学赋值为 0，在 36 所高校样本中，研究 1 型大学有 11 所，研究 2 型大学有 25 所。

年份虚拟变量（Year）。考虑到经济发展可能使研究受到时间的影响，为了尽可能避免时间的影响，设置年份虚拟变量。

对变量上下按 1% 分位进行 Winsorize 处理以避免变量极端值引起的误差。考虑到投入与产出存在滞后期和变量的内生性，参照其他学者做法，除年份虚拟变量外，其他变量均以滞后项的形式进入模型进行回归分析。变量定义如表 4-1 所示。

表 4 – 1 变量定义

变量类型	变量名称	变量说明
因变量	高校整体专利产出（PO）	高校每年与企业合作申请专利数
自变量	校企合作强度（UICI）	横向科研经费/总科研经费
调节变量	科研实力（SP）	高校在 SCI 发表论文数量
	高校规模（Size）	高校教师数量大于均值赋值为 1，否则为 0
控制变量	纵向科研经费（PF）	高校从政府获得的科研经费
	技术转移示范机构（TTO）	高校具有国家技术转移示范机构，赋值为 1；否则赋值为 0
	高校类型（Type）	研究 1 型大学赋值为 1，否则赋值为 0

三、模型构建

（一）直接效应模型

本书选取 36 所高校 10 年的数据，为平衡面板数据，在实际的经济关系中，其大多数在本质上都具有动态性，也就是由于累积效应和累计优势形成的马太效应，通常表现为时间的记忆性。这种记忆性往往来源于两方面，一方面是由个体间存在差异导致的个体效应所引起的自相关，另一方面是由解释变量中纳入被解释变量的滞后项引起的自相关。因此，要想对这种动态行为特征进行准确描述，需要将被解释变量的滞后项加入解释变量中，形成动态面板数据模型，从而对被解释变量进行估计。动态面板数据为了保证模型的稳定性，通常假设个体的自回归系数稳定不变且相同，如果在样本期内，个体的自回归系数存在波动，但是远小于其他可变因素时，则认为数据的结构是稳定的；如果个体的自回归系数波动较大时，则质疑数据结构的稳定性，使用变系数动态面板数据模型。综合上述理论分析，本书在解释变量中加入因变量的滞后项，建立校企合作影响高校专利产出的直接效应模型如式（4 – 1）所示。

$$PO_{i,t} = \beta_0 + \beta_1 PO_{i,t} + \beta_2 UICI_{i,t-1} + \beta_3 UICI_{i,t-1}^2 + \beta_3 UICI_{i,t-1}^2 + \beta_4 PF_{i,t-1}$$
$$+ \beta_5 TTO_{i,t-1} + \beta_6 Type + Year + \varepsilon \qquad (4-1)$$

（二）加入科研实力和高校规模的调节效应模型

依据前文所述，本书认为高校的科研实力和高校规模对校企合作与高校专利产出之间的关系可能具有调节作用，因此为了研究这种调节作用以及如何调节，在模型中加入了科研实力和高校规模两个变量，同时加入科研实力和高校规模与校企合作强度的交互项、科研实力和高校规模与校企合作强度平方的交互项来探讨科研实力和高校规模的调节效应，并建立模型，如式（4-2）所示。

$$PO_{i,t} = \beta_0 + \beta_1 PO_{i,t-1} + \beta_2 UICI_{i,t-1} + \beta_3 UICI_{i,t-1}^2 + \beta_4 PF_{i,t-1} + \beta_5 TTO_{i,t-1}$$
$$+ \beta_6 SP_{i,t-1} + \beta_7 Size_{i,t-1} + \beta_8 Type + \beta_9 UICI_{i,t-1} \times SP_{i,t-1}$$
$$+ \beta_{10} UICI_{i,t-1}^2 \times SP_{i,t-1} + \beta_{11} UICI_{i,t-1} \times Size_{i,t-1}$$
$$+ \beta_{12} UICI_{i,t-1}^2 \times Size_{i,t-1} + Year_i + \varepsilon \qquad (4-2)$$

其中，Type 代表高校的类型，$SP_{i,t-1}$ 代表高校科研实力的滞后项，$Size_{i,t-1}$ 代表高校规模的滞后项，$UICI_{i,t-1} \times SP_{i,t-1}$ 代表校企合作强度与科研实力的交互，$UICI_{i,t-1}^2 \times SP_{i,t-1}$ 代表校企合作强度平方与科研实力的交互，$UICI_{i,t-1} \times Size_{i,t-1}$ 代表校企合作强度与高校规模的交互，$UICI_{i,t-1}^2 \times SP_{i,t-1}$ 代表校企合作强度平方与高校规模的交互。

第三节　实　证　分　析

一、描述性统计和相关性分析

描述性统计和相关系数如表 4-2 所示。其中，专利产出的单位为千项，纵向科研经费的单位为亿元，科研实力的单位为万篇，高校教师单位为千人。结果显示：校企合作强度的标准差为 0.177，最大值为 0.759，最小值为 0.019，说明不同高校在校企合作强度上具有很大的差异；国家技术转移示范机构的均值为 0.861，高校类型的均值为 0.306，科研实力的均值为 0.297，这说明样本中高校被 SCI 收录论文数平均为 2970 篇，有 80% 以上的高校都具有国家技术转移示范机构，帮助校企合作的技术成果完成转化，有 30.6% 的高校为研究 1 型大学。

表4－2　　　　　　　　　　变量的描述性统计和相关系数

变量	均值	标准差	最小值	最大值	1	2	3	4	5	6
PO	0.162	0.218	0.002	2.073	1.000	—	—	—	—	—
UICI	0.308	0.177	0.019	0.759	0.038*	1.000 —	—	—	—	—
PF	9.430	6.802	1.559	33.013	0.660***	−0.223***	1.000 —	—	—	—
Size	2.135	1.617	0.337	9.06	0.297***	0.131**	0.509***	1.000 —	—	—
TTO	0.861	0.346	0	1	0.161***	0.187***	0.293***	0.327***	1.000 —	—
Type	0.306	0.461	0	1	0.314***	−0.201***	0.415***	0.246***	0.083	1.000 —
SP	0.297	0.179	0.042	1.103	0.604***	0.066 —	0.665***	0.516***	0.303***	0.42***

注：$*p < 0.01$；$**p < 0.05$；$***p < 0.01$。

并且，本书中的控制变量纵向科研经费、国家技术转移示范机构、高校类型与高校专利产出的相关系数均在1%的水平与被解释变量相关，说明本书引入这些控制变量是可以被接受并且是比较适宜的。同时，从表4－2中可以看出，无论是解释变量之间还是解释变量与被解释变量之间都具有较强的相关性，为了避免出现多重共线性，在回归之前有必要进行多重共线性检验，结果如表4－3所示。可以看出VIF最大值为8.93，最小值为1.28，都小于10，说明变量间多重共线性并不严重，模型可以进行下一步回归。

表4－3　　　　　　　　　　多重共线性检验

变量	UICI	PF	Size	TTO	Type	SP
VIF值	8.93	2.48	1.54	1.28	1.33	2.57

二、单位根检验

为了避免出现伪回归而保证回归的有效性，在回归之前需要对变量进行单位根检验，以此判定面板数据的稳定性从而增强研究结果的可靠性，若检验结果显示不存在单位根，则表明数据是稳定的，可以对模型回归，若结果显示有单位根，则需要进行差分处理，如果数据经过有限次差分后平稳，则需进一步对面板数据进行协整检验，保证数据存在稳定的协整关系后再对模型进行回归。

本书采用应用最多的 IPS 检验和 LLC 检验两种方法对单位根进行检验，这两种方法分别适用于检验不同单位根和相同单位根的情况，结果如表 4－4 所示。结果显示，变量在零阶都是单整的，即均拒绝了存在单位根的原假设，数据是平稳的，所以可以用这些变量进行回归分析。

表 4－4　　　　　　　　　　　　单位根检验

变量	IPS 检验	LLC 检验	是否平稳
PO	－ 3. 704 ***	－ 2. 642 ***	平稳
SP	－ 1. 627 **	－ 1. 472 *	平稳
PF	－ 1. 736 **	－ 10. 218 ***	平稳
UICI	－ 3. 85 ***	－ 14. 456 ***	平稳

注：$* p < 0.01$；$** p < 0.05$；$*** p < 0.01$。

第四节　回归分析

因为本书采用的是动态面板数据模型，将被解释变量的滞后项加入解释变量中，因此考虑到被解释变量可能和残差项相关导致解释变量内生，从而导致估计量有偏，需要在估计中使用工具变量。在实证分析中，学者们经常使用系统广义矩方法对动态面板数据进行分析，参照已有研究方法，本书采用系统广义矩模型方法对动态面板数据进行分析，在用该方法进行分析时，应确保模型中的工具变量是有效的，这样才能保证该方法的结果是一致的，因此需要进行 AR（2）检验和 Sargan 检验。

回归和检验结果如表 4 - 5 所示，回归模型中 AR（2）检验和 Sargan 检验的 p 值均大于 0.1，说明残差项并不存在二阶自相关，工具变量都是外生且有效的，因此系统广义矩模型方法的估计是适用的。从表中可以看出五个模型中因变量的滞后项在 1% 的显著水平上为正，说明本年的专利产出会显著影响下年的专利产出，存在明显的动态效应。

表 4 - 5　　　　　　　　　　回归结果

变量	模型一	模型二	模型三	模型四	模型五
$PO_{i,t-1}$	1.069 *** (0.134)	1.065 *** (0.141)	1.091 *** (0.150)	1.345 *** (0.268)	1.325 *** (0.257)
$PF_{i,t-1}$	0.856 * (0.453)	0.751 ** (0.338)	0.763 ** (0.306)	0.509 *** (0.144)	0.571 ** (0.243)
$TTO_{i,t-1}$	0.691 *** (0.261)	0.595 ** (0.265)	0.205 * (0.119)	0.454 *** (0.126)	0.284 ** (0.112)
Type	0.807 * (0.443)	0.561 ** (0.228)	0.791 *** (0.261)	0.507 *** (0.102)	0.958 *** (0.334)
$UICI_{i,t-1}$	—	3.099 *** (0.201)	-3.925 (3.268)	-2.848 (2.143)	-5.950 (5.890)
$UICI_{i,t-1}^2$	—	—	5.249 * (3.421)	4.952 * (2.636)	9.797 * (5.799)
$Size_{i,t-1}$	—	—	—	2.501 ** (1.182)	1.337 ** (0.671)
$SP_{i,t-1}$	—	—	—	1.724 *** (0.211)	1.254 *** (0.079)
$UICI_{i,t-1} \times SP_{i,t-1}$	—	—	—	—	-0.707 (0.818)

变量	模型一	模型二	模型三	模型四	模型五
$UICI^2_{i,t-1} \times SP_{i,t-1}$	—	—	—	—	1.871 * (1.013)
$UICI_{i,t-1} \times Size_{i,t-1}$	—	—	—	—	−1.098 (0.433)
$UICI^2_{i,t-1} \times Size_{i,t-1}$	—	—	—	—	5.619 * (3.371)
AR(1)	0.0071	0.0078	0.008	0.0082	0.004
AR(2)	0.607	0.607	0.530	0.504	0.389
Sargan 检验	0.733	0.729	0.602	0.610	0.625

注：* $p<0.1$；** $p<0.05$；*** $p<0.01$。

其中，模型一中只包含了控制变量，是为了研究控制变量与被解释变量间的关系，从表 4 − 5 中可知，国家技术转移示范机构在 1% 的水平上与高校整体专利产出呈显著的正相关关系，高校类型和纵向科研经费在 10% 的显著水平上与专利产出相关，说明选取的控制变量对高校专利产出都是有影响的，选取的控制变量有效。

模型二在模型一的基础上加入了自变量校企合作强度，由表 4 − 5 可知，UICI 在 1% 的水平上显著为正，说明校企合作强度对高校专利产出有明显的促进作用；模型三在模型二的基础上加入了因变量的平方项 $UICI^2_{i,t-1}$，由结果可知，$UICI^2_{i,t-1}$ 在 10% 的水平上与高校专利产出呈显著的正相关关系。因此，校企合作在一定范围内会使专利产出减少，随着校企合作强度的增加，这种影响达到了一个低点，随着校企合作强度的进一步增加，这种负向作用逐渐消失，并且开始对高校的专利产出显现出正向影响，即校企合作对高校专利产出的影响为"U"型，支持了假设 4 − 1。校企合作与高校专利产出的关系如图 4 − 1 所示。

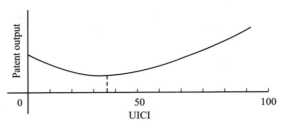

图 4 - 1　校企合作与高校专利产出关系

　　模型四中加入了科研实力和高校规模变量，由回归结果可知，高校规模在 5% 的水平与高校专利产出呈正相关，科研实力在 1% 的显著水平上与高校专利产出相关；为研究科研实力和高校规模对校企合作与高校科研产出关系的调节效应，在模型五中加入了科研实力和高校规模与校企合作强度的交互项，以及科研实力和高校规模与校企合作强度平方的交互项，$UICI_{i,t-1}^2 \times SP_{i,t-1}$ 与高校专利产出的相关系数为 1.871，并且在 0.1 的显著水平上与高校专利产出呈正相关，说明了科研实力对校企合作与高校专利产出间关系的调节作用是正向的，即如果高校的科研实力强，则校企合作强度的提高对其专利产出有强化作用，而校企合作对高校的专利产出呈"U"型影响，所以科研实力正向调节了这种"U"型影响，即当高校的科研实力增加时，校企合作与高校整体专利产出之间的"U"型曲线更为陡峭，也就是说高水平的科研实力能够强化校企合作对高校专利产出的正向影响程度，假设 4 - 2 被支持，调节效应如图 4 - 2 所示。$UICI_{i,t-1}^2 \times Size_{i,t-1}$ 与高校专利产出的相关系数为 5.619，在 10% 的显著水平上与高校科研产出呈正相关关系，说明高校规模对校企合作与高校专利产出间的关系有正向调节作用，并且当高校规模超过平均值时，高校专利产出的拐点左移，说明高校的规模越大，校企合作为高校带来的不利因素的影响时间越短，高校能够更快地减弱这种不利于专利产出的影响，在校企合作强度更低时使不利影响达到最小，同时使有利因素发挥显著的作用，假设 4 - 3 被支持，调节效应如图 4 - 3 所示。

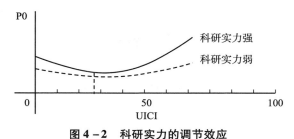

图 4 - 2　科研实力的调节效应

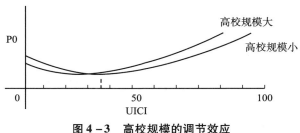

图 4 - 3　高校规模的调节效应

第五节　研 究 结 论

在宏观组织层次上，本书以中国 36 所"985"高校在 2008～2017 年的面板数据为研究对象，采用系统广义矩模型方法，对校企合作对高校的专利产出的影响进行了深入研究。研究发现，校企合作对高校专利产出呈"U"型影响，即在一定范围内校企合作对高校的专利产出有负向影响，而超过这个限度后，校企合作才会对高校的专利产出产生正向影响。

校企合作对高校专利产出呈现"U"型影响的结果说明，在校企合作强度较低时，校企合作的主体处于一种博弈状态。双方在利益分配、收益和报酬方面都希望达到最大化，从而做出正确的决策。然而，企业对技术保密性的要求、用于沟通协调的时间、双方之间的信任度较低以及企业偏重短期效益而非科研产出等负向因素占据上风，对高校专利产出产生显著影响。在这种情况下，高校投入的成本大于获得的收益，因此成本与收益呈现替代关系，导致校企合作对高校专利产出的影响呈现减少的趋势。此外，校企合作的融合和科研过程可能需要一定的时效，因此高校不应止步于这种抑制作用，而应持续发展校企合作。

综上所述，校企合作对高校的专利产出呈现"U"型影响。在一定范围内，校企合作对高校的专利产出有负向影响，超过一定限度后，校企合作对高校的专利产出产生正向影响。

第六节　管理对策与建议

结合研究结果，本书认为在校企合作过程中，应该注重减少或避免负向因素带来的影响，充分发挥正向影响因素的优势地位和显著作用，并从政府部门和高校组织两方面提出管理对策与建议。

（一）政府部门方面

第一，政府应为校企合作提供外部保障，强化自身的科技引领导向作用。一方面，建立健全与校企合作有关的政策和法律法规，让高校和企业在参与校企合作时有法可依、有据可循，消除双方因利益分配和产权划分带来的顾虑，激发高校参与校企合作的主观能动性；另一方面，提升高校在校企合作中的地位，注重发挥当地高校社会服务这一职能，制定与校企合作有关的科技管理政策和鼓励政策，引导高校进行科技成果商业化，稳固高校在国家创新系统和区域创新系统中的主体地位，强化其对区域经济的提升作用。

第二，政府要重视并且加大当地知识产权环境的建设力度，制定和完善专利资助、专利保护与专利奖励等政策，积极鼓励和提升高校等组织的申请专利意愿，为高校、企业等组织 R&D 人员提供良好的知识产权环境，尽量使促进高校专利产出的积极因素得到最大程度的解放，并且高校是知识创新和科技创新的主力军，具有很大的专利产出潜力，因此政府应着重关注对高校的引领。

第三，政府应该全方位支持高校创新活动，尤其是注重增加对高校科研经费的投入力度。无论是专利还是科研论文，一切科研成果的产出均会受到

R&D 经费的影响，因此政府应注重科研经费向高校倾斜，加大经费的投入力度。

（二）高校组织方面

由于校企合作与高校专利产出的关系是"U"型，所以在校企合作之初，高校的专利数量可能在短期内出现下滑，这可能是负向因素先发挥了显著的作用。因此，高校不应该局限地看到这种负向影响，应该积极地进一步寻求与企业的合作，当正向因素发挥显著作用时，校企合作就会促进高校专利产出。

首先，高校应该注重内部的创新和科研产出氛围，同时制定相应的科研成果产出激励政策和奖励机制，让高校内部创新主体注重科研工作，从而提升高校整体的科研实力，在校企合作过程中，发挥高校创新能力和科研优势，提高专利产出。

其次，大学应在研究领域上全面发展，进行大量的、充足的科研资源的投入，注重进一步提高大学的科技创新能力，注重教师数量和质量的提升，因为中国是新兴经济体中的发展中国家，目前在知识密集型行业对科研成果的需求量较大，教师作为科研的主力军，在成果产出和创新方面具有不可替代的地位，因此大学想要进一步提高校企合作的专利产出，应该注重教师队伍的扩大和提升 R&D 人员的质量，通过政策待遇等方面加大对高级人才等高层次 R&D 人员的引进力度，同时采取相应的措施对校内现有的科研人员进行培养，提高高质量、高素质的教师的比例。

再次，积极寻求科研经费，保证科研资源的投入和配备，为科研人员创造一个良好的科研条件和科研氛围。积极进行体制创新，为人才成长营造良好环境，建立健全人才保护、人才激励等一系列制度和机制，激发科研人员对创新工作的热情。只有做到好以上工作，才能在校企合作中通过有效的人员配置发挥科研资源的使用效率，增强自身的科研实力，促进高校的专利产出。

最后，高校应注重与企业共同建立信任机制和文化对接机制。一方面，高校与企业参与校企合作往往是出于对对方资源的依赖，而这种资源依赖往往使双方在合作过程中处于博弈状态，造成信任度的下降，使合作效果差强人意。因此，高校与企业应该共同建立信任机制，减少对资源的依赖，增强合作意愿上的依赖程度，双方参与合作的意愿越强烈，彼此的协调性就会越好，合作氛围越和谐，从而有利于达成合作目标，对专利产出有积极影响。另一方面，高校与企业文化背景的差异也会导致合作效率降低，因此高校应该注重形成一种稳定的、有效的文化对接机制，加强与企业的情感关联，在战略角度上对双方共同问题进行统筹协调，同时，在与企业合作时，注重对企业文化、管理文化的吸收，促进企业文化同高校内部文化的融合，力求与企业产生文化的相互渗透和相互理解，进而促进高校在合作中的专利产出。

本 章 小 结

本章从宏观组织层次视角出发来研究校企合作对高校技术创新的影响，研究的具体内容是校企合作对高校专利产出的影响，基于研究内容提出假设，构建模型，实证分析，得出结论，并给出管理对策与建议。本章的主要研究成果如下：校企合作对高校的专利产出呈现"U"型影响。在一定范围内，校企合作对高校的专利产出有负向影响，超过一定限度后，校企合作对高校的专利产出将产生正向影响。

第五章 校企合作对区域创新绩效的影响

第一节 理论框架与模型构建

一、理论框架与研究假设

(一) 校企合作对区域经济发展的影响

校企合作强度对区域经济发展有何影响这一问题目前在学术界还没有达成共识。一种观点认为校企合作的增加对区域的发展有正向影响。校企合作和高校专利商业化吸引了政府、企业和学者的关注，研究表明校企合作是技术创新的有效途径，也是经济发展的主要推动力。有研究认为，大学为国家经济和社会发展提供大量人力资本，深化校企合作是高校稳步发展壮大的途径，也是企业竞争发展的关键举措。产学合作的频繁进行，组成联结市场和知识的"跨界组织"，促进双方人力资源的改善并且提高了创新能力和经济效率。校企合作政策在知识服务内容上注重为区域内小微企业提供全面的知识支撑，在知识服务方式上充分尊重知识生产和转移规律，并充分考虑小微企业的弱势与多样性，从而为小微企业创新提供充分、有效和个性化的知识。在校企合作促进小微企业创新方面，我国尚有巨大的政策空间。

另一种观点认为大学与企业进行合作时虽然能够带来好处，但也会有负向影响。校企合作双方的目的一般是不同的，高校通常追求基础科研领域的突破，而企业通常更加看重短期的商业利益而不是长期的科研产出。还有学者认为大学与企业合作时，企业方可能会有对科研成果保密性方面的要求，这会阻碍或推迟科研成果的公开发表，从而降低高校科研人员的科研绩效。当校企合作氛围较高时，校企合作的强度也会增加，组织内的很多科研人员便会投入到高强度的校企合作活动中，这可能会影响高校科研人员的学术自由，也可能会花费科研人员更多的精力，反而不利于其工作。校企合作深度对合作专利商业化没有影响，令人惊讶的是，广度和深度的相互作用对其产生了负面影响。

此外校企合作对区域知识转化有显著影响。程华（Cheng Hua，2020）研究发现校企合作政策对知识产出有显著影响，当校企合作逐渐增加时，高校的知识产出也会增加，但当超过一定界限时知识产出反而会下降，即校企合作与知识产出之间的关系呈倒"U"型。赵晓娟（Zhao Xiaojuan，2021）以118所"双一流"大学的面板数据为研究对象考察了校企合作与高校专利商业化之间的关系，研究发现中国与发达国家之间都存在倒"U"型关系。校企合作宽度对高校科研绩效具有线性正向影响，而合作深度对高校科研绩效具有曲线的倒"U"型影响，并且校企合作对高校整体科研绩效的影响呈倒"U"型。

根据以上分析，提出假设5-1。

假设5-1：校企合作强度对区域经济发展的影响呈倒"U"型。

（二）地域类型的调节作用

在已有文献中，就区域视角而言，已有研究多关注于"东西"方向，而较少考虑"南北"方向的地区差距问题，2009年以来，南北地区经济发展差距呈现出持续扩大态势，南北差距扩大已成为我国区域经济协调发展中面临的重要矛盾。

肖金成（2022）在研究南北经济差距时发现，在人口不断向南方地区集聚的过程中，高端人才、有竞争力的人力资本向这个地区集中流动，支持了这个地区的经济增长；区域智力资本全国都在提升，但是南方地区提升的速度要高于北方地区；科技创新投入差异在一定程度上也加大了区域经济增长分异。李梅芳（Li Meifang，2020）在研究产学研合作三螺旋系统对中国区域创业的影响时以中国五个省市为例发现产学研合作对区域创业环境和活动产生了积极影响，在不同的地区产生的影响有很大差别。庄涛（Zhuang Tao，2021）等在研究中国区域产学研合作协同创新的三螺旋关系时发现，中国协同创新产出的区域分布差异显著，在增速上呈现"南快北慢"的格局，南部沿海经济发达的区域拥有良好的经济和技术基础，有相对成熟的市场经济并且高水平大学数量多，因此产学研合作的机会颇多；而北方地区大部分经济实力偏弱，教育资源匮乏，经济基础薄弱，创新基础设施薄弱。而根据《中国统计年鉴》《中国高技术产业统计年鉴》的相关数据，发现南北地区的高校数量、高技术企业数、所获得的科研经费和投资等是不相同的，所以校企合作的强度在南北地区也不相同。

部分学者研究发现在世界范围内不同地区产学研合作的强弱和优势也是不同的。大学与企业关联（UIL）研究日益增长，在对大学与企业关联的文献定量概述中发现：UIL 在以发展中国家为重点的文献中一般不引人注目；在一些贫穷国家似乎遭到了双重忽视。J. C. 茜恩等（J. C. Shin et al.，2020）发现三螺旋理论要求高校、私营部门、研究部门采取协调措施，然而这种方法在经济发达的国家可能行得通，因为发达国家中高等教育、研究机构、工业都很发达，协调功能很到位。

根据以上分析，提出假设 5 - 2。

假设 5 - 2：地域类型对校企合作强度与区域经济发展的关系具有显著的调节作用。

二、研究理论模型

根据第一章的国内外文献综述，梳理国内外学者对于校企合作和区域经济发展的研究结论，本书以高等教育水平、高新技术发展水平、各地区直接投资数和各地区人口数为影响因素，以地域类型作为校企合作强度对区域经济发展的影响的调节变量，构建如图 5 - 1 所示的研究模型。

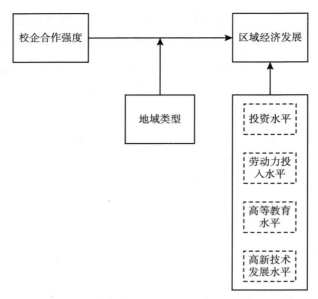

图 5 – 1   校企合作强度对区域经济发展的研究理论模型

三、变量描述

（一）因变量：区域经济发展（Regional Economic Development，RED）

在以往的研究中 GDP 通常作为衡量经济发展的指标，在梁丽娜（2021）、邓俊荣等（2017）的研究中均以该地区或城市的生产总值来衡量经济发展水平，所以本书采用地区生产总值来衡量区域经济发展水平。

（二）自变量：校企合作强度

借鉴班纳 – 锡等（2015）和德埃斯特等（2013）的研究，本书采用企事业单位委托科研经费占高校总科研经费的比例来衡量校企合作强度。虽然校企合作有很多渠道，但是大部分渠道都与企事业单位委托的科研经费高度相关，所以本书采用企事业单位委托科研经费占高校总科研经费的比例来衡量校企合作强度是可行的。

（三）调节变量：地域类型（Type of Regional，Type）

本书将地域类型分为北方地区和南方地区，设置虚拟变量来衡量地域类型，根据许宪春等（2021）和赵前前等（2022）的研究，本书将北京市、天津市、河北省、山西省、内蒙古自治区、辽宁省、吉林省、黑龙江省、山东省、河南省、陕西省、甘肃省、青海省、宁夏回族自治区、新疆维吾尔自治区划分为北方地区；将上海市、江苏省、浙江省、安徽省、福建省、江西省、湖北省、湖南省、广东省、广西壮族自治区、海南省、重庆市、四川省、贵州省、云南省、西藏自治区划分为南方地区。

（四）控制变量方面

周晓辉在研究 FDI 对中国区域经济发展的影响时发现 FDI 对经济增长有正面影响，FDI 的积极作用包括加速国内资本积累、技术进步、带动产业发展与创造就业。对 GDP 影响最大的仍是固定资产投资，其次是劳动力，第三是 FDI。因此本书将投资水平（Investment Level，Inv）也作为控制变量之一，测量方法为该地区的直接投资数；大学是创造、传播知识和技术的重要主体，是高素质人力资源和劳动力的培养基地。何燕子等（2015）在研究区域经济差距影响因素时发现，人力资本对东、中、西部经济的发展都有较大的影响。因此本书将劳动力投入水平（Labor Input Level，Lab）作为控制变量之一，测量方法为该地区人口数；根据高扬等（2017）的研究，其发现我国各地区间的高校分布存在显著正向空间自相关性，高校的数量对本地区的经济发展有正向影响，所以本书将高等教育水平（Higher Education Level，HEL）作为控制变量之一，用该地区高校的数量进行描述；根据洪嵩等（2014）的研究，其发现高新技术发展水平（High-Tech Development Level，HTDL）也会影响经济发展，所以本书将其作为控制变量之一，测量方法为该地区的高技术企业数。变量描述如表 5-1 所示。

表 5-1　　　　　　　　　　　变量描述

变量类型	变量名称	变量测量方法	定义来源
因变量	区域经济发展（RED）	地区生产总值 GDP	梁丽娜等（2021）邓俊荣等（2017）
自变量	校企合作强度（UICI）	企事业单位委托科研经费/总科研经费	班纳-锡等（2015）德埃斯特等（2013）

变量类型	变量名称	变量测量方法	定义来源
调节变量	地域类型 （Type）	北方地区，赋值为 1； 南方地区，赋值为 0	赵前前等（2022） 许宪春等（2021）
控制变量	高等教育水平 （HEL）	该地区高校的数量	高扬等（2017）
	高新技术发展水平 （HTDL）	地区高技术企业数	洪嵩等（2014）
	投资水平 （Inv）	该地区固定资产投资数	周晓辉（2014）
	劳动力投入水平 （Lab）	该地区人口数	何燕子（2015）

第二节 校企合作强度对区域经济发展的空间效应研究

一、研究基础

空间计量经济学由 J. 帕林克（J. Paelinck）提出。研究是否存在空间效应以及空间相关性的问题。它也涉及空间邻接矩阵等概念。从经济分析的角度对制定正确决策以及对先进地区与后进地区之间的相互关系进行研究。

根据第一章文献综述来看，虽然国内外学者对校企合作的研究较多，但很少从空间计量的角度对校企合作展开研究。在中国知网中以校企合作和空间效应为主题词只检索到 4 篇文章，以区域经济和空间效应为主题词检索到了 1120 篇文章，说明国内以空间效应来研究区域经济日益热门，这为本书校企合作强度对区域经济发展的空间效应研究提供了借鉴和启发。

谢会强等（2021）研究发现，本地区高技术企业创新对经济高质量发展影响显著。研究发现，我国区域经济水平在空间上呈现空间依赖性，区域创业水平增加对区域经济发展有显著促进作用。结合克劳斯等人在对创业型大学的研究中得出的结论，校企合作也在间接影响社会与经济。企业绩效满意度越高，参加产学合作的积极性就越高，地区经济规模影响越大。本章提出如下假设：本地区校企合作强度增加对区域经济发展的影响呈倒"U"型。

二、模型构建

（一）空间自相关性——莫兰指数（Moran's I）

空间自相关是进行空间计量分析的前提与保证，只有确定存在空间自相关关系后才可以对数据进行空间相关性建模分析。空间自相关是指一个经济区域中的某种经济现象或某一属性总是与其相邻经济领域中的相应经济现象或属性值相关。Moran's I 指数能够反映被研究对象在全局空间层面上的空间集聚特征，Moran's I 指数取值为 [-1, 1]，当 I > 0 时，表示具有空间正相关性；当 I < 0 时，表示具有空间负相关性；当 I = 0 时，表示没有相关性。Moran's I 指数计算公式如式（5-1）所示。

$$I = \frac{\sum\limits_{i=1}^{n}\sum\limits_{j=1}^{n}W_{ij}(Y_i - \bar{Y})(Y_j - \bar{Y})}{S^2\sum\limits_{i=1}^{n}\sum\limits_{j=1}^{n}W_{ij}} \tag{5-1}$$

其中，I 表示地区之间的总体相关程度；$S^2 = \frac{1}{n}\sum\limits_{i=1}^{n}(Y_i - \bar{Y})$；$\bar{Y} = \frac{1}{n}\sum\limits_{i=1}^{n}Y_i$。

Y_i、Y_j 分别代表第 i 地区和第 j 地区的观测值；n 代表研究地区的个数；W_{ij} 为空间权重矩阵。

（二）空间杜宾模型（SDM）

关于空间计量模型，其中空间杜宾模型（SDM）、空间滞后模型（SLM）和空间误差模型（SEM）是使用较为广泛的模型，空间杜宾模型考虑了空间滞后的解释变量和被解释变量对被解释变量的共同影响，是空间滞后模型和空间误差模型的一般模型，能够更好地估计不同空间单元产生的溢出效应和基于空间面板数据测算空间溢出效应。空间杜宾模型集空间误差模型和空间滞后模型的优点，既能顾及自变量和因变量的空间依赖性，又能顾及随机误差冲击的空间影响。为了研究校企合作强度对区域经济发展的空间效应，本书选择空间杜宾模型，模型如式（5-2）所示。

$$RED_{it} = a_0 + \rho W_{it} RED_{it} + UICI_{it}\beta + W_{it} UICI_{it}\theta + bK_{it} + \varepsilon_{it} \qquad (5-2)$$

其中，RED_{it} 为第 i 个地区第 t 年的地区生产总值；ρ 为 $W_{it} RED_{it}$ 空间滞后项的系数；W_{it} 为空间权重矩阵；β 为解释变量校企合作强度的系数；θ 为解释变量空间滞后项的系数；b 为控制变量的系数；K_{it} 为控制变量；ε_{it} 为随机扰动项。

（三）空间权重矩阵的确定

空间权重矩阵能够衡量事物之间的关联程度，然而空间邻接矩阵只是表示相邻地区间的作用，而对相隔的地区没有影响，实际上，地理位置上不相邻的两个地区虽然不相连接，却可能存在影响，所以本书还采用了空间地理距离矩阵来验证实验结果。对于空间邻接矩阵，各元素的取值规则如式（5-3）所示。

$$w_{ij} = \begin{cases} 1, & \text{当 i 和 j 相邻时，空间相关} \quad i \neq j \\ 0, & \text{其他} \end{cases} \qquad (5-3)$$

对于空间地理距离矩阵，各元素取值规则如式（5-4）所示。

$$w_{ij} = \begin{cases} 1/d_{ij}^2 & i \neq j \\ 0 & i = j \end{cases} \qquad (5-4)$$

根据取值规则，通过 GeoDa 软件得到的权重矩阵如下（选取了部分，如表 5-2 和表 5-3 所示）。

表 5-2　　　　　　　　　　空间邻接矩阵截取

Pro1	Pro2	Pro3	Pro4	Pro5	Pro6	Pro7
0	1	1	0	0	0	0
1	0	1	0	0	0	0
1	1	0	1	1	1	0

续表

Pro1	Pro2	Pro3	Pro4	Pro5	Pro6	Pro7
0	0	1	0	1	0	0
0	0	1	1	0	1	1
0	0	1	0	1	0	1
0	0	0	0	1	1	0

表 5 – 3　　　　　　　　　空间地理距离矩阵截取

Pro1	Pro2	Pro3	Pro4	Pro5	Pro6	Pro7
0	0.008019	0.013524	0.002176	0.002079	0.001858	0.001113
0.008019	0	0.009372	0.002083	0.001660	0.001999	0.001132
0.013524	0.009372	0	0.002501	0.001862	0.001715	0.001048
0.002176	0.002083	0.002501	0	0.001359	0.001021	0.000738
0.002079	0.001660	0.001862	0.001359	0	0.001287	0.001012
0.001858	0.001999	0.001715	0.001021	0.001287	0	0.002537
0.001113	0.001132	0.001048	0.000738	0.001012	0.002537	0

三、实证分析

（一）描述性统计分析

本书所用的数据为 2010～2019 年我国 31 个地区的面板数据，共 310 组，所涉及的变量数据共 7 个，变量包括区域经济发展、校企合作强度、高等教育水平、高新技术发展水平、各地区固定投资数和各地区人口数。构建回归模型前，第一步是对样本数据进行描述性统计分析，初步了解各变量的信息特征，关注变量的均值、标准差、最小值和最大值。

变量的描述性统计结果如表 5 – 4 所示。从表中可以看出：校企合作强度（UICI）最大值为 0.576，最小值为 0.000，标准差为 0.129，说明校企合作强度在不同地区存在明显差异。

表 5 – 4   变量的描述性统计

变量	N	均值	标准差	最小值	最大值
RED	310	22915.175	19215.831	507.500	107671.100
UICI	310	0.269	0.129	0.000	0.576
HEL	310	42.635	28.768	2.000	146.000
HTDL	310	940.065	1421.571	5.000	9542.000
Inv	310	16358.96	12625.561	462.669	59017.635
Lab	310	4412.642	2782.754	300.220	11521.000

（二）空间自相关分析

采用空间邻接矩阵研究发现：区域经济发展呈显著的全局空间正相关，而校企合作的强度从全局来看相关性不显著。根据式（5 – 1）和式（5 – 3），利用 stata 软件测算出 2010 ~ 2019 年各地区生产总值的 Moran 指数值，并研究各地区的整体相关性。由表 5 – 5 可知，2010 ~ 2019 年各地区生产总值 Moran 指数值均大于 0，均通过 1% 或 5% 的显著性水平检验，表明区域经济发展空间分布具有显著的空间正相关性；正的空间相关性表明经济发展水平较低的地区其邻近地区经济水平也较低，反之，经济发展水平较高的地区其邻近地区经济水平也较高。因此，各地区经济发展水平在空间上的分布不是随机的，而是表现出在空间上趋于聚集。因此在讨论校企合作强度对区域经济发展的影响时，不应该忽视其空间效应。

表 5 – 5   2010 ~ 2019 年各地区生产总值的 Moran 指数

年份	I	E(I)	sd(I)	z	p-value*
2010	0.197	− 0.033	0.105	2.201	0.014**
2011	0.196	− 0.033	0.105	2.187	0.014**
2012	0.193	− 0.033	0.105	2.157	0.016**
2013	0.193	− 0.033	0.105	2.158	0.015**
2014	0.193	− 0.033	0.105	2.157	0.015**
2015	0.199	− 0.033	0.105	2.216	0.013**

续表

年份	I	E(I)	sd(I)	z	p-value*
2016	0.208	−0.033	0.104	2.309	0.010***
2017	0.217	−0.033	0.104	2.398	0.008***
2018	0.210	−0.033	0.104	2.334	0.010***
2019	0.219	−0.033	0.104	2.420	0.008***

注：*、**、*** 分别为10%、5%、1%水平上的显著性检验。

莫兰散点图经常用来研究局部空间不稳定性，其四个象限分别对应于区域单元与其邻居之间四种类型的局部空间联系形式，这四个象限从左上顺时针开始依次代表低高聚集、高高聚集、高低聚集、低低聚集。本书通过绘制2010年和2019年Moran指数散点图来进一步了解区域经济发展的空间聚集演变特征。由图5-2（a）、图5-2（b）可知2010年各地区生产总值相对集中在第一象限和第三象限，属于高—高集聚类型和低—低集聚类型；2019年处于第一象限和第三象限的地区更加聚集，说明经济发展的高值和低值聚集更加明显。

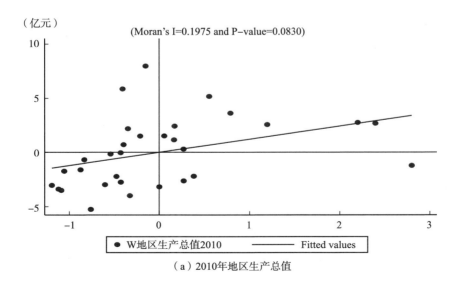

（a）2010年地区生产总值

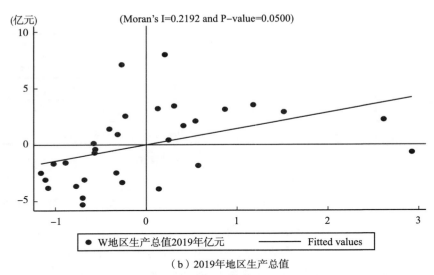

（b）2019年地区生产总值

图 5 - 2   2010 年和 2019 年地区生产总值 Moran 指数散点图

（三）Hausman 检验与固定效应的 SDM 模型分析

由表 5 - 6 的 Hausman 检验结果可知统计量在 5% 的水平上通过显著性检验，表明应选择固定效应模型。因此，本书采用固定效应的 SDM 模型分析校企合作强度对区域经济发展的空间效应。

表 5 - 6   **Hausman 检验结果**

检验方法	统计量	P 值
Hausman	13. 78	0. 008 ***

注：*、**、*** 分别为 10%、5%、1% 水平上的显著性检验。

固定效应模型分为空间固定、时间固定和时空固定三种，本书将固定效应的 SDM 模型分为以上三种模型进行比较分析，结果见表 5 - 7。由表 5 - 7 的回归结果可知，从 Sigma^2 来看三种 SDM 模型的 Sigma^2 值都较小且相差不大；从 R^2 值来看时间固定效应模型的值最大，为 0. 9498，这说明时间固定效应模型的拟合度最好；从 Log-likelihood 来看，时间固定效应模型的 Log-likelihood 的绝对值最大，表明其解释能力最好。综上所述，针对本书的研究，选用时间固定效应的 SDM 模型最为合适。

表 5 - 7　　　　　　　　　　　空间杜宾模型的固定效应估计

变量	空间固定	时间固定	时空固定
Main			
UICI	0.001 *** (3.19)	0.004 *** (2.89)	0.003 *** (2.93)
HEL	0.007 *** (2.72)	0.774 (-0.29)	0.001 *** (3.46)
HTDL	0.000 *** (4.97)	0.000 *** (29.70)	0.000 *** (5.46)
Inv	0.000 *** (11.49)	0.000 *** (12.82)	0.000 *** (11.95)
Lab	0.001 *** (3.37)	0.000 *** (3.64)	0.002 *** (3.17)
UICI × UICI	0.032 ** (-2.14)	0.034 ** (-2.12)	0.043 ** (-2.02)
Wx			
UICI	0.295 (-1.05)	0.902 (-0.12)	0.441 (-0.77)
HEL	0.001 *** (3.25)	0.041 ** (2.04)	0.000 *** (4.93)
HTDL	0.000 *** (-5.54)	0.138 (1.48)	0.000 *** (-4.60)
Inv	0.947 (0.07)	0.636 (0.47)	0.775 (-0.29)
Lab	0.136 (1.39)	0.000 *** (-4.35)	0.096 * (1.67)
UICI × UICI	0.163 (1.39)	0.184 (1.33)	0.382 (0.87)
Sigma^2	0.000 ***	0.000 ***	0.000 ***
R^2	0.7213	0.9498	0.7284
Log-likelihood	-2845.0131	-3019.1394	-2832.2012

注：*、**、***分别为10%、5%、1%水平上的显著性检验。

（四）时间固定效应 SDM 模型的效应分解

基于对时间固定效应 SDM 模型的回归结果，对影响区域经济发展的各种因素进行空间效应的分解。由表 5 - 8 可知，校企合作强度对区域经济发展的直接效应为正，且在 1% 的水平上显著；校企合作强度的平方对区域经济发展的直接效应为负，且在 1% 的水平上显著，说明本地区校企合作强度的增加对本地区经济发展的影响呈倒 "U" 型。控制变量方面，高新技术发展水平、投资水平和各地人口数对本地区经济发展的直接效应都为正，并且全部在 1% 的水平上显著，表明了高新技术发展水平的提高，专利授权量、投资数、该地区人口数的增加对本地区的经济发展具有促进作用。

表 5 - 8 时间固定效应 SDM 模型效应分解结果

变量	直接效应	间接效应	总效应
UICI	0. 004 *** (2. 87)	0. 934 (- 0. 08)	0. 193 (1. 30)
HEL	0. 765 (- 0. 30)	0. 036 ** (2. 10)	0. 093 * (1. 68)
HTDL	0. 000 *** (31. 57)	0. 001 *** (3. 34)	0. 000 *** (18. 67)
Inv	0. 000 *** (13. 34)	0. 299 (1. 04)	0. 000 *** (7. 12)
Lab	0. 000 *** (3. 73)	0. 000 *** (- 4. 26)	0. 020 ** (- 2. 33)
UICI × UICI	0. 038 ** (- 2. 08)	0. 193 (1. 30)	0. 763 (0. 30)

注：* 、** 、*** 分别为 10% 、5% 、1% 水平上的显著性检验。

（五）基于空间地理距离矩阵的验证

根据式（5 - 1）和式（5 - 4），利用 stata 软件测算出 2010 ~ 2019 年各地区生产总值的 Moran 指数值，并研究各地区的整体相关性。由表 5 - 9 可知，2010 ~ 2019 年各地区生产总值 Moran 指数值均小于 0，均通过 1% 的显著性水平检验，表明区域经济发展空间分布具有显著的空间负相关性。因此，各地区经济发展水平在空间上的分布不是随机的，而是表现出在空间上趋于聚集的特点。因此在讨论校企合作强度对区域经济发展的影响时，不应该忽视其空间效应。

表5-9　　　基于地理距离矩阵 2010～2019 年各地区生产总值的 Moran 指数

年份	I	E(I)	sd(I)	z	p-value*
2010	-0.088	-0.033	0.107	-3.165	0.001***
2011	-0.089	-0.033	0.107	-3.206	0.001***
2012	-0.088	-0.033	0.107	-3.187	0.001***
2013	-0.088	-0.033	0.107	-3.148	0.001***
2014	-0.087	-0.033	0.107	-3.116	0.001***
2015	-0.087	-0.033	0.107	-3.126	0.001***
2016	-0.087	-0.033	0.107	-3.097	0.001***
2017	-0.087	-0.033	0.107	-3.102	0.001***
2018	-0.086	-0.033	0.107	-3.074	0.001***
2019	-0.091	-0.033	0.107	-3.338	0.000***

注：*、**、*** 分别为 10%、5%、1% 水平上的显著性检验。

由表5-10 的 Hausman 检验结果可知统计量在 1% 的水平上通过显著性检验，表明应选择固定效应模型。因此，本书采用固定效应的 SDM 模型来分析校企合作强度对区域经济发展的空间效应。

表5-10　　　　　　基于地理距离矩阵 Hausman 检验结果

检验方法	统计量	P 值
Hausman	18.82	0.002***

注：*、**、*** 分别为 10%、5%、1% 水平上的显著性检验。

由表5-11 可知，从 $Sigma^2$ 来看三种 SDM 模型的 $Sigma^2$ 值都较小且相差不大；从 R^2 值来看时间固定效应模型的值最大，为 0.9257，说明时间固定效应模型的拟合度最好；从 Log-likelihood 来看，时间固定效应模型的 Log-likelihood 的绝对值最大，表明其解释能力最好。综上所述，选用时间固定效应的 SDM 模型最为合适。

表 5 - 11　　　　　基于地理距离矩阵空间杜宾模型的固定效应估计

变量	空间固定	时间固定	时空固定
Main			
UICI	0.015 ** (2.42)	0.000 *** (3.70)	0.036 ** (2.09)
HEL	0.000 *** (4.86)	0.667 (0.43)	0.000 *** (4.79)
HTDL	0.000 *** (5.44)	0.000 *** (31.93)	0.000 *** (4.91)
Inv	0.000 *** (11.62)	0.000 *** (14.37)	0.000 *** (12.09)
Lab	0.037 ** (2.09)	0.146 (1.45)	0.028 ** (2.19)
UICI × UICI	0.117 (-1.57)	0.008 *** (-2.67)	0.264 (-1.12)
Wx			
UICI	0.000 *** (-3.64)	0.000 *** (3.90)	0.000 *** (-4.12)
HEL	0.813 (-0.24)	0.000 *** (-5.25)	0.358 (-0.92)
HTDL	0.000 *** (-6.25)	0.470 (-0.72)	0.000 *** (-5.66)
Inv	0.000 *** (0.94)	0.001 *** (3.41)	0.009 *** (2.60)
Lab	0.001 *** (3.25)	0.002 *** (-3.06)	0.022 ** (2.30)

续表

变量	空间固定	时间固定	时空固定
Wx			
UICI × UICI	0. 000 *** （4. 37）	0. 001 *** （ - 3. 31）	0. 000 *** （4. 79）
Sigma²	0. 000 ***	0. 000 ***	0. 000 ***
R²	0. 5929	0. 9257	0. 6705
Log-likelihood	- 2845. 3035	- 3013. 7990	- 2836. 6739

注：* 、** 、*** 分别为 10% 、5% 、1% 水平上的显著性检验。

由表 5 - 12 可知，对 SDM 模型进行效应分解发现校企合作强度对本地区经济发展的直接效应为正，并且在 1% 的水平上显著。控制变量方面高新技术发展水平、投资数和该地人口数对本地区经济发展直接效应在 1% 的水平上显著。

表 5 - 12 **基于地理距离矩阵 SDM 模型直接效应分析**

变量	直接效应	间接效应	总效应
UICI	0. 000 *** （4. 01）	0. 000 *** （3. 91）	0. 000 *** （4. 63）
HEL	0. 892 （ - 0. 14）	0. 000 *** （ - 4. 38）	0. 000 *** （ - 4. 16）
HTDL	0. 000 *** （33. 19）	0. 408 （0. 83）	0. 000 *** （8. 27）
Inv	0. 000 *** （14. 98）	0. 000 *** （4. 11）	0. 000 *** （7. 39）
Lab	0. 216 （1. 24）	0. 002 *** （ - 3. 06）	0. 000 *** （ - 2. 57）
UICI × UICI	0. 004 *** （ - 2. 90）	0. 001 *** （ - 3. 20）	0. 000 *** （ - 3. 60）

注：* 、** 、*** 分别为 10% 、5% 、1% 水平上的显著性检验。

四、空间效应结果分析

本书基于 2010～2019 年我国 31 个地区的面板数据，运用空间杜宾模型对校企合作强度对区域经济发展的空间效应展开分析，并且经过二次验证后得出如下结论。

（1）区域经济发展呈显著的空间自相关，而校企合作强度的空间相关性不显著。在固定效应的空间杜宾模型中，校企合作强度对区域经济发展的效应为正且在 1% 的水平上显著；校企合作强度的平方项对区域经济发展的效应为负且在 1% 的水平上显著。因此本地区校企合作强度的增加对区域经济发展水平的影响呈倒"U"型。在效应分解模型中，校企合作强度的直接效应显著。

（2）在控制变量中，高新技术发展水平、高等教育水平、投资数和各地人口数的统计量显著，并且在效应分解模型中，高新技术发展水平、投资数和各地人口数直接效应显著，说明高新技术发展水平的提高会促进本地区经济的发展；各地投资数和各地人口数的增加也会促进本地区经济的发展。

五、管理启示

根据以上检验成果发现本地区校企合作强度的增加对区域经济发展水平的影响呈倒"U"型，并且高新技术发展水平、高等教育水平等因素对区域经济发展也会产生影响。据此，对高校、企业和政府分别提出如下建议。

对高校、企业来说在加强校企合作的同时也应加强校企合作的质量，高校要合理运用企业的投资、提供的设备等，企业也应合理发挥高校输送人才的作用。高校与企业不应忘记校企合作的初心，否则校企合作的加强反而浪费了资源，不利于双方的发展和区域经济的发展。校企合作较好的地区应起到模范作用，带动邻近地区的校企合作质量和经济发展。

对政府来说，政府应制定相关政策来保证本地区校企合作高质量地运行；合理增加对本地区的投资，鼓励本地区高新技术企业发展；提高本地区教育水平，培养高素质人才。并且各地区政府之间也可积极为高校、企业搭线，增加校企合作的机会，使各地区共同进步。

第三节 地域类型对校企合作强度与区域经济发展的调节效应

一、模型构建

根据第二节的研究结果，本章依旧采用时间固定效应的空间杜宾模型（SDM）进行调节效应分析，构建模型如下，式（5-5）中加入了调节变量地域类型。

$$RED_{it} = a_0 + \rho W_{it} RED_{it} + W_{it} UICI_{it} \theta_1 + W_{it} UICI_{it}^2 \theta_2 + Type_{it} \beta + b K_{it} + \varepsilon_{it}$$

$$(5-5)$$

其中，RED_{it} 为第 i 个地区第 t 年的地区生产总值；ρ 为 $W_{it} RED_{it}$ 的系数；W_{it} 为空间权重矩阵；β 为调节变量地域类型的系数；θ 为解释变量的系数；b 为控制变量的系数；K_{it} 为控制变量；ε_{it} 为随机扰动项。

式（5-6）将校企合作强度与其平方项替换为两者与调节变量的交互项并移除调节变量。

$$RED_{it} = a_0 + \rho W_{it} RED_{it} + W_{it} UICI_{it} \times Type_{it} \theta_1 + W_{it} UICI_{it}^2 \times Type_{it} \theta_2 + b K_{it} + \varepsilon_{it}$$

$$(5-6)$$

二、描述性统计分析

本章研究的是地域类型对校企合作强度与区域经济发展的影响的调节作用，对调节变量地域类型进行描述性统计分析。初步了解其信息特征，关注变量的均值、标准差、最小值和最大值，如表 5-13 所示。从表中可以看出地域类型（Type）的均值为 0.484，说明南方地区和北方地区的数量相差不大。

表5－13 变量的描述性统计

变量	N	均值	标准差	最小值	最大值
Type	310	0.484	0.501	0.000	1.000

三、调节效应回归分析

结合表5－14进行分析，由式（5－5）所得结果显示，Type在1%水平上显著正相关。由式（5－6）所得结果可知UICI×Type与区域经济发展水平在1%水平上显著正相关，而$UICI^2 \times Type$与区域经济发展水平在5%水平上显著负相关，所以地域类型还调节了校企合作强度与区域经济发展之间的关系。

表5－14 回归结果

变量	式（5－5）	式（5－6）
HEL	0.84 (14.761)	1.66* (28.82)
HTDL	32.41*** (7.376)	31.92*** (7.344)
Inv	12.18*** (0.5934)	11.74*** (0.570)
Lab	4.06*** (0.699)	4.20*** (0.699)
UICI	2.58*** (20986.6)	—
UICI2	−1.75* (−24749.05)	—
Type	2.98*** (3390.11)	—
UICI×Type	—	3.10*** (21780.33)
UICI2×Type	—	−2.01** (−27504.98)

注：*、**、***分别为10%、5%、1%水平上的显著性检验。

四、稳健性检验

为验证上文调节效应的结果，本节采用直接效应的回归方法对其进行验证。在回归分析之前，需对全部变量进行相关性分析，以此来查看因变量与自变量之间的相关性是否显著，若不存在显著相关关系则没有继续分析的必要，通过相关性系数来判断变量之间的正负向关系以及关系紧密程度。由表 5–15 可以看出：（1）校企合作强度与地域类型的相关系数较小，说明北方地区校企合作强度相对较低；（2）控制变量高等教育水平（HEL）、高新技术发展水平（HTDL）、各地区固定投资数（Inv）、各地区人口数（Lab）与区域经济发展（RED）均存在显著的正相关，说明选取这些控制变量是适合的。

表 5–15　　　　　　　　　　变量的相关性分析

变量	RED	UICI	Type	HEL	HTDL	TZ	RK
RED	1	—	—	—	—	—	—
UICI	0.238 ***	1	—	—	—	—	—
Type	−0.196 ***	0.108 *	1	—	—	—	—
HEL	0.756 ***	0.225 ***	−0.179 ***	1	—	—	—
HTDL	0.865 ***	0.131 **	−0.321 ***	0.526 ***	1	—	—
Inv	0.871 ***	0.213 ***	−0.151 ***	0.844 ***	0.612 ***	1	—
Lab	0.800 ***	0.382 ***	−0.204 ***	0.679 ***	0.661 ***	0.801 ***	1

注：*、**、*** 分别为 10%、5%、1% 水平上的显著性检验。

由表 5–15 可知，除了被解释变量与解释变量之间具有较高的相关系数之外，一些解释变量之间也有显著相关性存在，这种相关性可能导致多重共线性问题的出现。为验证解释变量之间是否具有存在共线性问题而影响研究结果，本书做了共线性（VIF）检验。利用 VIF 值来检验解释变量内部可能存在的多重共线性问题。由表 5–16 可知，解释变量的 VIF 平均值（Mean）为 2.91，最高值为 5.61，小于 10，说明模型不存在严重的多重共线性问题。

表 5 – 16 VIF 检验

变量	UICI	Type	HTDL	HEL	Inv	Lab	Mean
VIF 值	1. 29	1. 18	1. 99	3. 57	5. 61	3. 84	2. 91

为了检验面板数据的平稳性，需要对面板数据进行单位根检验。本书采取经常被选用的检验方法——LLC 检验。LLC 检验的原假设为面板数据含有单位根，如果检验结果拒绝原假设，说明此面板序列是平稳的，对其进行回归不存在伪回归。由表 5 – 17 可知，各变量均在 1% 的显著水平上显著，均拒绝原假设，原面板数据不存在单位根，所以不存在伪回归，可以对此面板数据进行回归分析。

表 5 –17 单位根检验结果

变量	LLC 检验	是否平稳
RED	– 84. 1717 ***	是
UICI	– 11. 7350 ***	是
HEL	– 7. 7517 ***	是
HTDL	– 43. 3951 ***	是
Inv	– 5. 5146 ***	是
Lab	– 6. 8578 ***	是

注：*、**、*** 分别为 10%、5%、1% 水平上的显著性检验。

式（5 - 7）为基础模型，用来研究控制变量与区域经济发展的关系。

$$区域经济发展_{i,t} = \beta_0 + \beta_1 投资水平_{i,t} + \beta_2 劳动力投入水平_{i,t}$$
$$+ \beta_3 高等教育水平_{i,t} + \beta_4 高新技术发展水平_{i,t} + \varepsilon$$
$$(5 - 7)$$

式（5 - 8）用来分析校企合作强度对区域经济发展的直接影响，因变量为区域经济发展，自变量为校企合作强度。

$$区域经济发展_{i,t} = \beta_0 + \beta_1 校企合作强度_{i,t} + \beta_2 投资水平_{i,t}$$

$$+ \beta_3 高等教育水平_{i,t} + \beta_4 高新技术发展水平_{i,t}$$
$$+ \beta_5 劳动力投入水平_{i,t} + \varepsilon \qquad (5-8)$$

式（5-9）在式（5-8）的基础上加入了校企合作强度的平方项。

$$区域经济发展_{i,t} = \beta_0 + \beta_1 校企合作强度_{i,t} + \beta_2 投资水平_{i,t} + \beta_3 高等教育水平_{i,t}$$
$$+ \beta_4 高新技术发展水平_{i,t} + \beta_5 劳动力投入水平_{i,t}$$
$$+ \beta_6 校企合作强度_{i,t} \times 校企合作强度_{i,t} + \varepsilon \qquad (5-9)$$

式（5-10）在式（5-9）的基础上加入了调节变量地域类型。

$$区域经济发展_{i,t} = \beta_0 + \beta_1 校企合作强度_{i,t} + \beta_2 投资水平_{i,t}$$
$$+ \beta_3 校企合作强度_{i,t} \times 校企合作强度_{i,t} + \beta_4 高等教育水平_{i,t}$$
$$+ \beta_5 高新技术发展水平_{i,t} + \beta_6 劳动力投入水平_{i,t}$$
$$+ \beta_7 地域类型 + \varepsilon \qquad (5-10)$$

为了进一步验证地域类型对校企合作强度与区域经济发展关系的调节作用，引入校企合作强度与地域类型的交互项（校企合作强度$_{i,t}$×地域类型）和校企合作强度的平方与高校类型的交互项（校企合作强度$_{i,t}$×校企合作强度$_{i,t}$×地域类型），构建式（5-11）。

$$区域经济发展_{i,t} = \beta_0 + \beta_1 投资水平_{i,t} + \beta_2 高等教育水平_{i,t}$$
$$+ \beta_3 高新技术发展水平_{i,t} + \beta_4 劳动力投入水平_{i,t}$$
$$+ \beta_5 校企合作强度_{i,t} \times 地域类型$$
$$+ \beta_6 校企合作强度_{i,t} \times 校企合作强度_{i,t} \times 地域类型 + \varepsilon$$
$$(5-11)$$

回归分析主要反映各变量之间的数量变化规律，是检验变量之间是否存在线性相关的一种数据统计分析方法。

由表5-17可知，式（5-7）是基础模型，用来研究控制变量和区域经济发展的关系，从回归结果可以看出，高等教育水平、高新技术发展水平和各地固定投资数变量都在1%的水平上与区域经济发展水平显著正相关。

式（5-8）中加入解释变量校企合作强度（UICI），回归结果显示，UICI在1%水平上显著正相关；式（5-9）加入了解释变量的平方项 UICI²，回归结果显示 UICI 与区域经济发展在1%水平上显著正相关；UICI² 与区域经济发展在1%水平上显著负相关。综上可知校企合作强度对区域经济发展有正向促进作用，但当校企合作强度增加时这种促进作用会达到一个顶峰，超过这一点后校企合作强度的增加会降低区域经济发展。综上所述，校企合作强度对区域经济发展的影响呈倒"U"型（如图5-3所示），假设5-1成立。

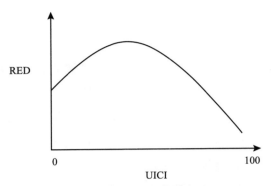

图5-3　校企合作强度与区域经济发展的关系

式（5-10）中加入了调节变量地域类型（Type），回归结果显示，Type在1%水平上显著正相关。

式（5-11）中加入了校企合作强度与调节变量（地域类型）的交互项 UICI×Type 和校企合作强度平方与地域类型的交互项 $UICI^2 \times Type$，由回归结果可知 UICI×Type 与区域经济发展水平在1%水平上显著正相关，而 $UICI^2 \times Type$ 与区域经济发展水平在5%水平上显著负相关，所以地域类型还调节了校企合作强度与区域经济发展之间的关系，假设5-2成立。

根据式（5-11）及其回归结果（见表5-18），画出含有调节作用的校企合作强度与区域经济发展关系的图像，如图5-4所示。

表5-18　　　　　　　　　　　面板数据回归结果

变量	模型1	模型2	模型3	模型3	模型4
HEL	2.06 ** (0.0556)	1.78 * (0.0473)	1.33 (0.0352)	1.83 * (0.0476)	2.46 ** (0.0636)
HTDL	26.60 *** (0.5207)	27.21 *** (0.5305)	27.59 *** (0.5292)	28.42 *** (0.5474)	28.21 *** (0.5519)

续表

变量	模型 1	模型 2	模型 3	模型 3	模型 4
Inv	14. 29 *** (0. 4762)	14. 87 *** (0. 4945)	15. 19 *** (0. 4971)	14. 78 *** (0. 4775)	14. 30 *** (0. 4602)
Lab	1. 41 (0. 036)	0. 03 (0. 0277)	− 0. 17 (− 0. 0046)	0. 29 (0. 0078)	1. 77 (0. 0294)
UICI	—	3. 30 *** (0. 0522)	4. 14 *** (0. 236)	3. 89 *** (0. 2175)	—
$UICI^2$	—	—	− 3. 35 *** (− 2. 604)	− 3. 30 *** (− 2. 5073)	—
Type	—	—	—	4. 02 *** (0. 0594)	—
$UICI \times Type$	—	—	—	—	3. 52 *** (1. 055)
$UICI^2 \times Type$	—	—	—	—	− 2. 16 ** (− 1. 526)
R^2	0. 9364	0. 9386	0. 9418	0. 9438	0. 9433
调整后 R^2	0. 9356	0. 9376	0. 9406	0. 9425	0. 9418
N	310	310	310	310	310

注： * 、 ** 、 *** 分别为 10% 、5% 、1% 水平上的显著性检验。

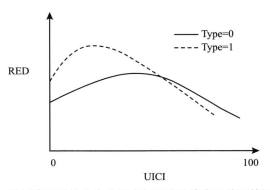

图 5 − 4　地域类型对校企合作强度与区域经济发展关系的调节作用

综合上述结果看，发现与上文中空间效应回归分析结果基本一致，由此可知上文回归分析结果的稳健性得到了验证。

五、假设验证成果

假设 5 – 1 和假设 5 – 2 得到了验证，即校企合作强度对区域经济发展的影响呈倒"U"型；地域类型在校企合作强度与区域经济发展的关系中起调节作用。

将假设验证结果汇总到表 5 – 19 中。

表 5 – 19   **假设验证成果**

序号	假设内容	结果
假设 5 – 1	校企合作强度对区域经济发展的影响呈倒"U"型	成立
假设 5 – 2	地域类型在校企合作强度和区域经济发展的关系中起调节作用	成立

六、管理启示

本章对高校、企业、各地区的几个指标和地区生产总值进行了面板数据的回归分析，根据本章的假设验证结果提出如下建议。

（一）对高校、企业方面的建议

在校企合作中，企业应担当主导角色，企业参与的主动性可影响校企合作的效果。校企合作不仅有利于区域的协调发展，为企业提供高素质人才，提高企业竞争力，而且提高了学校在同行业中的口碑与地位，更利于人才的培养。但是校企合作过强时，这些优势则会不那么明显。因此，在校企合作强度较低时，双方应积极拓宽校企合作渠道。企业适当增加对高校科研经费的投入，配备实验设备，促进高校科研成果的产出；高校则应为企业输送人才、新知识等提高企业绩效。双方应加强交流沟通，提高信任程度，将校企合作推向更高层次。当校企合作过强时，双方应在现有合作的基础上，提高校企合作的水平和价值。此外，各高校、企业应结合地区情况，发挥地区优势，促进本地区经济发展，在校企合作强度大的地区，高校和企业也要积极带动邻近地区的校企合作强度来促进经济发展。

（二）对政府方面的建议

任何事情的实现，制度的保障都是必需的，所以校企合作需要政府的支持。校企合作的本质是学校与企业双方联动，地方政府可制定适当的行政措施和奖励措施以促进校企合作，国家要依据宪法制定相关的法规及修订方案，为地方政府出台相关的政策法规提供法律依据。因此，政府应积极落实相关政策法规，为校企合作保驾护航。同时，大力支持拥有一定资金、技术、人员等资源的高新技术企业率先与高校进行合作，试点成功后，可以逐步推广开来，政府可以给予资金上的支持，帮助高校引进一些先进技术、设备等，同时政府还可以实施一些奖励的政策，鼓励高校的专业人才走进规模小、设施落后的高校，帮助这些学校提高人才素质，为人才的培养注入新鲜血液，另外政府还可以设置一些晋升奖励制度，打造专业型人才队伍，为企业的发展奠定基础。在一系列政策的调控下，我国人才会源源不断地涌现，区域经济发展也会向前迈进一大步。

本 章 小 结

本章的研究分为两个方面：一方面采用空间计量模型和面板数据研究校企合作强度对区域经济发展的空间效应；另一方面研究校企合作强度对区域经济发展的直接效应，探讨了地域类型对两者的调节作用，提出假设并构建理论模型。利用从《中国统计年鉴》《高等院校科技资料汇编》《中国高技术产业统计年鉴》中获得的数据进行实证分析，得到的相关结论如下。

（1）校企合作强度对区域经济发展存在空间效应，本地区校企合作强度的增加对经济发展的影响呈倒"U"型；地域类型对两者的关系具有调节作用。

（2）直接效应分析中，校企合作强度对区域经济发展的影响呈倒"U"

型，校企合作强度控制在一定范围内会促进区域经济发展，超过一定限度后反而不利于区域经济发展；地域类型对两者有显著的调节作用，并且北方地区校企合作对其经济发展的倒"U"型曲线有更高的极值点，在校企合作强度较低时能够更快到达顶点。

参 考 文 献

[1] 陈娟, 张菲菲, 杨雪怡. 区域创业、空间溢出与经济增长效应研究 [J]. 科技进步与对策, 2020, 37 (8): 44 – 50.

[2] 陈仕吉, 史丽文, 李冬梅, 等. 论文被引频次标准化方法述评 [J]. 现代图书情报技术, 2012, 28 (4): 54 – 60.

[3] 陈维政, 李金平, 吴继红. 组织气候对员工工作投入及组织承诺的影响作用研究 [J]. 管理科学, 2006, 19 (6): 18 – 23.

[4] 陈晓萍, 徐淑英, 樊景立. 组织与管理研究的实证方法. 第 2 版 [M]. 北京: 北京大学出版社, 2012.

[5] 邓俊荣, 龙蓉蓉. 异质型人力资本对区域经济增长作用机制研究 [J]. 科研管理, 2017, 38 (12): 116 – 121.

[6] 董玉杰. 团队断层对员工绩效的影响: 一项跨层次研究 [D]. 北京: 北京科技大学, 2015.

[7] 杜栋. 现代综合评价方法与案例精选 [M]. 北京: 清华大学出版社, 2005.

[8] 樊霞, 吴进, 任畅翔. 基于共词分析的我国产学研研究的发展态势 [J]. 科研管理, 2013, 34 (9): 11 – 18.

[9] 冯冠平, 王德保. 研究型大学在产学研结合中的作用和角色 [J]. 清华大学教育研究, 2003, 24 (2): 92 – 95.

[10] 冯磊. 以校企合作促进小微企业创新的英国经验——以创意产业为例 [J]. 科技管理研究, 2021, 41 (14): 132 – 138.

[11] 付晔, 张乐平, 马强, 等. R&D 资源投入对不同类型高校专利产出的影响 [J]. 研究与发展管理, 2010, 22 (3): 103 – 111.

[12] 盖斯勒. 科学技术测度体系 [M]. 北京: 科学技术文献出版社,

2004.

[13] 高杨，张艳芸，李静晶. 中国高校数量规模对经济增长的空间溢出效应研究 [J]. 中国高教研究，2017（8）：61 – 67.

[14] 贡金涛，王平尧，刘盛博. 基于专利合著指标和引用指标的企业科研人员评价研究 [J]. 科学学与科学技术管理，2015（2）：161 – 172.

[15] 古继宝，陈玉娣，梁樑. 基于论文产出的科研实力和质量评价指标体系研究 [J]. 研究与发展管理，2008，20（2）：107 – 113.

[16] 古继宝，蔺玉，张淑林. 顶尖博士生科研绩效的影响因素研究 [J]. 科学学研究，2009，27（11）：1692 – 1699.

[17] 郭斌，许庆瑞. 组织技术能力概念框架研究 [J]. 科学学研究，1996（2）：44 – 50.

[18] 郭斌. 知识经济下产学合作的模式、机制与绩效评价 [M]. 北京：科学出版社，2007.

[19] 郭秋梅，刘莉. 高校科技投入、专利申请及专利管理分析 [J]. 研究与发展管理，2005（4）：87 – 93.

[20] 海本禄. 大学科研人员合作研究参与意愿的实证研究 [J]. 科学学研究，2013，31（4）：578 – 584.

[21] 郝瑜，杨鹏鹏，朱金凤. 高校专利产出与科研投入的关系研究——基于陕西高校的数据分析 [J]. 中国高校科技，2014（6）：4 – 7.

[22] 何宏，俞东进，马国进. 地方行业特色高校融入区域经济发展体系的实践分析 [J]. 中国高校科技，2020.

[23] 何建坤，史宗凯. 论研究型大学的技术转移 [J]. 清华大学教育研究，2002，23（4）：8 – 12.

[24] 何燕子，杨洁. 基于 Panel Data 模型我国区域经济差距影响因素的实证 [J]. 求索，2015（11）：53 – 57.

[25] 洪嵩，洪进，赵定涛. 高技术产业与区域经济共同演化水平研究 [J]. 科研管理，2014（6）：84 – 93.

[26] 侯光明，晋琳琳，黄莉. 对我国研究型大学建设的阶段回顾与分析 [J]. 科学学与科学技术管理，2005，26（3）：97 – 101.

[27] 胡双钰，吴和成. 邻近视角下跨区域产学协同创新的影响因素研

究 [J]. 科技管理研究, 2021, 41 (11): 139 - 147.

[28] 胡振华, 李詠侠. 基于方向型和交易型障碍的校企合作影响因素的实证研究 [J]. 预测, 2012, 31 (3): 48 - 53.

[29] 华琳. 从 SCI 探析我国高校科研水平 [J]. 科学学与科学技术管理, 1999, 20 (2): 23 - 24.

[30] 黄海燕. 地方高校与企业合作创新发展的实证研究——以 CZ 大学为例 [J]. 科技管理研究, 2021, 41 (23): 97 - 104.

[31] 霍宇同, 徐治立, 田德录. 新世纪日本创新政策演进趋势及其对中国的启示 [J]. 科学管理研究, 2014 (4): 108 - 112.

[32] 加菲尔德. 引文索引法的理论及应用 [M]. 北京: 北京图书馆出版社, 2004.

[33] 贾明春, 张鲜华. 高校科研绩效影响因素分析及对审计工作的启示 [J]. 审计研究, 2013 (3): 28 - 33.

[34] 蒋仁爱, 贾维晗. 不同类型跨国技术溢出对中国专利产出的影响研究 [J]. 数量经济技术经济研究, 2019 (1).

[35] 解学梅. 中小企业协同创新网络与创新绩效的实证研究 [J]. 从企业角度研究校企协同创新绩效, 2010, 13 (8): 51 - 64.

[36] 靳军宝, 曲建升. 我国与主要科技强国专利产出发展态势分析 [J]. 科技管理研究, 2019, 39 (19): 7 - 15.

[37] 鞠树成. 中国专利产出与经济增长关系的实证研究 [J]. 科学管理研究, 2005, 23 (5): 100 - 103.

[38] 李锋, 葛世伦, 尹洁. 高校科研绩效评价模型研究 [J]. 科技管理研究, 2009 (8): 271 - 272.

[39] 李盛竹. 我国高校专利产出规模, 质量与转化影响因素的系统动力学研究——基于 2007 ~ 2016 年数据的实证分析 [J]. 软科学, 2018, 32 (8): 43 - 48.

[40] 李燕萍, 王健, 张韵君. 高校专利合作能力评价指标研究 [J]. 科技进步与对策, 33 (2): 124 - 129.

[41] 李应博, 何建坤, 吕春燕. 区域产业结构优化中的研究型大学技术转移 [J]. 科学学研究, 2006, 24 (S1): 142 - 147.

［42］李正卫，王迪钊，李孝缪．校企合作现状与影响因素实证研究：以浙江为例［J］．科技进步与对策，2012，29（21）：150－154.

［43］梁丽娜，于渤．经济增长：技术创新与产业结构升级的协同效应科学学研究［J］.2021，39（9）：1574.

［44］刘凤朝，姜滨滨，马艳艳．基于USPTO专利的中日韩校企合作模式及其绩效比较［J］．研究与发展管理，2013，25（5）：98－105.

［45］刘华海．科研项目绩效评价模型和指标体系的构建［J］．科研管理，2016（s1）：19－24.

［46］刘家磊．日本产学合作模式、机制与绩效分析［J］．学术交流，2012（5）：115－118.

［47］刘笑，陈强．产学合作数量与学术创新绩效关系［J］．科技进步与对策，2017，34（20）：51－56.

［48］刘雅娟，王岩．用文献计量学评价基础研究的几项指标探讨——论文、引文和期刊影响因子［J］．科研管理，2000，21（1）：93－98.

［49］吕海萍，龚建立，王飞绒，等．产学研相结合的动力——障碍机制实证分析［J］．研究与发展管理，2004，16（2）：58－62.

［50］吕璞，林莉．开放式自主创新背景下校企合作模型及仿真［J］．科技进步与对策，2012，29（22）：112－117.

［51］马迎贤．组织间关系：资源依赖视角的研究综述［J］．管理评论，2005，17（2）：55－62.

［52］潘懋元，董立平．关于高等学校分类、定位、特色发展的探讨［J］．教育研究，2009（2）：33－38.

［53］秦玮，徐飞．产学联盟绩效的影响因素分析：一个基于动机和行为视角的整合模型［J］．科学学与科学技术管理，2011，32（6）：12－18.

［54］秦旭，韩文秀，陈士俊．产学合作模型研究［J］．西北农林科技大学学报（社会科学版），2003，3（2）：65－68.

［55］尚虎平，赵盼盼．项目申请者的哪些特征影响科研绩效提升？——一个面向国家自然科学基金产出的倒序评估［J］．科学学研究，2014，32（9）：1378－1389.

［56］孙锐，石金涛，王庆燕．基于提升企业创新能力的组织创新气氛

研究分析与展望 [J]. 科学学与科学技术管理, 2007, 28 (4): 71 - 74.

[57] 孙裕金. 论文视角下的地方高校科研实力探析 [J]. 遵义师范学院学报, 2018 (4).

[58] 汤易兵. 促进产学合作政策工具: 英、美与中国比较研究 [J]. 科学学研究, 2005, 23 (s1): 131 - 135.

[59] 田潇, 王彩丽, 罗鄂湘. 校企合作动机研究——基于汽车企业的实证研究 [J]. 科技管理研究, 2013, (23): 84 - 88.

[60] 佟福锁. 论教学研究型大学的学科建设 [J]. 南京林业大学学报 (人文社会科学版), 2003, 3 (4): 85 - 88.

[61] 汪锦, 孙玉涛, 刘凤朝. 面向校企合作的中国 "985" 高校科技发展模式研究 [J]. 中国软科学, 2013 (6): 53 - 61.

[62] 王海花, 王蒙怡, 刘钊成. 跨区域产学协同创新绩效的影响因素研究: 依存型多层网络视角 [J]. 科研管理, 2022, 43 (2): 81 - 89.

[63] 王晋萍, 甘霖, 杨立英. 国内外科研绩效评价方法比较 [J]. 科学学研究, 2006, 24 (a2): 505 - 507.

[64] 王烁. 科学计量学应用于科研人员绩效评价的挑战 [J]. 科学学与科学技术管理, 2007, 28 (4): 165 - 168.

[65] 王淑敏. 企业能力如何 "动" "静" 组合提升企业绩效? ——能力理论视角下的追踪研究 [J]. 管理评论, 2018, 30 (9): 121 - 131.

[66] 王仙雅, 林盛, 陈立芸. 科研压力对科研绩效的影响机制研究——学术氛围与情绪智力的调节作用 [J]. 科学学研究, 2013, 31 (10): 25 - 26.

[67] 王晓红, 张少鹏, 张奔. 产学合作对高校创新绩效的空间计量研究——基于组织层次和省域跨层次的双重视角 [J]. 经济与管理评论, 2021, 37 (1): 125 - 137.

[68] 王晓红, 张奔. 校企合作与高校科研绩效: 高校类型的调节作用 [J]. 科研管理, 2018, 39 (2): 135 - 142.

[69] 王晓红, 王雪峰, 翟爱梅, 等. 一种基于 DEA 和多指标综合评价的大学科研绩效评价方法 [J]. 中国软科学, 2004, (8): 156 - 160.

[70] 王晓红, 胡士磊. 中国高校产学合作效率: 测算及外部环境因素

的影响［J］. 世界科技研究与发展，2017：1－7.

［71］王艳丽，薛耀文. 基于企业视角的促进校企合作效果的实证分析［J］. 科学学研究，2010，28（7）：1082－1087.

［72］王瑛，周敏华. 工信部直属高校科研实力简析［J］. 科学管理研究，2014，（3）：41－43.

［73］吴伟，吕旭峰，余晓. 协同创新视阈下部属高校合作专利产出发展探析［J］. 中国高教研究，2013（9）：12－18.

［74］武士杰. 政府与社会资本合作项目对企业专利产出的影响［J］. 中国科技论坛，2019（5）：163－170.

［75］武书连. 再探大学分类［J］. 科学学与科学技术管理，2002，23（10）：26－30.

［76］武夷山，梁立明. 采用文献计量学指标进行科研绩效量化评价应注意的几个问题［J］. 中国科技期刊研究，2001，12（2）：110－111.

［77］夏晖. 关于战略管理理论发展历程的综述［J］. 中南民族大学学报：人文社会科学版，2003（S2）：91－93.

［78］夏丽娟，谢富纪，付丙海. 邻近性视角下的跨区域产学协同创新网络及影响因素分析［J］. 管理学报，2017，14（12）：1795－1803.

［79］肖金成，沈体雁，左万水. 中国经济南北差距扩大的原因与趋势分析——中国区域经济50人论坛第二十次专题研讨会综述［J］. 经济与管理，2022，36（1）：40－47.

［80］谢会强，封海燕，马昱. 空间效应视角下高技术产业集聚、技术创新对经济高质量发展的影响研究［J］. 经济问题探索，2021（4）：123－132.

［81］徐淑妹，崔宇红. 百分位数指标在大学研究绩效评价中的实证研究［J］. 情报理论与实践，2014，37（10）：94－97.

［82］徐雨森，蒋杰. 基于界面管理视角的紧密型校企合作模式实现机理研究——以大连理工大学校企合作研究院为例［J］. 研究与发展管理，2010，22（4）：69－75.

［83］许敏，王慧敏. 基于社会网络分析的校企专利合作网络结构研究——长三角城市群高校的省际比较［J］. 科技管理研究，2018，38（24）：

87 – 95.

[84] 许宪春，雷泽坤，窦园园．中国南北平衡发展差距研究——基于"中国平衡发展指数"的综合分析［J］．中国工业经济，2021（2）：5 – 22.

[85] 姚潇颖，卫平，李健．产学研合作模式及其影响因素的异质性研究——基于中国战略新兴产业的微观调查数据［J］．科研管理，2017，38（8）：1 – 10.

[86] 于惊涛，武春友．美国校企合作案例及评价标准研究［J］．研究与发展管理，2004，16（5）：89 – 96.

[87] 余晓，郑素丽，吴伟．地方高校合作专利发展特征及其与优势学科的契合度研究——基于产学研协同的视角［J］．高等工程教育研究，2016（1）：76 – 81.

[88] 俞立平．不同科研经费投入与产出互动关系的实证研究——基于面板数据及面板 VAR 模型的估计［J］．科研管理，2013，34（10）：94 – 102.

[89] 虞振飞，张军，杜宁，等．浅析研究型大学在产学研合作中遇到的问题［J］．科研管理，2008（s1）：15 – 18.

[90] 张宝生，王天琳，王晓红．校企合作对我国省域高校科研效率的影响研究——基于门槛回归的经验证据［J］．科技管理研究，2021，41（5）：29 – 36.

[91] 张奔．校企合作对中国高校科研绩效的影响研究［D］．哈尔滨：哈尔滨工业大学，2018.

[92] 张喜爱．高校科研团队绩效评价指标体系的构建研究——基于 AHP 法［J］．科技管理研究，2009，29（2）：225 – 227.

[93] 张晓阳，方友亮，宋新平．图书引用对学术绩效 h 指数的影响——以图书情报学领域为例［J］．科学学研究，2014，32（2）：189 – 194.

[94] 张晓月，甄伟军．高校 R&D 人员投入与专利产出关系分析［J］．科技管理研究，2018，38（20）：128 – 133.

[95] 张珣，徐彪，彭纪生，等．高校教师科研压力对科研绩效的作用机理研究［J］．科学学研究，2014，32（4）：32 – 33.

[96] 张耀天，贾明顺，张旭成．基于自适应层次分析法的高校科研绩

效评价 [J]. 科技管理研究, 2016, 36 (11): 106 - 110.

[97] 赵静. 基于文献计量方法的中国数学学科发展研究 [J]. 科研管理, 2017 (s1): 721 - 727.

[98] 赵前前, 范巧. "江""河"国家战略联动促进中国南北方共同富裕的机制研究 [J]. 兰州大学学报 (社会科学版), 2022, 50 (1): 27 - 38.

[99] 赵庆年, 刘君. 我国不同科类高校科研投入与产出特点研析 [J]. 科技管理研究, 2016, 36 (16): 101 - 107.

[100] 赵延东, 洪伟. 承担企业科研项目给科研人员带来了什么? [J]. 科研管理, 2015, 36 (12): 19 - 28.

[101] 郑芳, 周群, 陈仕吉, 等. 基于百分位数指标的个人科研绩效评价研究 [J]. 科研管理, 2013 (s1): 189 - 194.

[102] 郑丽霞, 翟磊. 产学研合作项目模式与高校科研绩效——R&D 投入的中介作用 [J]. 科技管理研究, 2017, 37 (2): 104 - 110.

[103] 周山明, 李建清. 研究型大学产学研机构建设的探索与实践 [J]. 研究与发展管理, 2014, 26 (6): 135 - 138.

[104] 周晓辉. FDI 对中国区域经济发展影响的实证研究 [J]. 管理现代化, 2014 (4): 21 - 23.

[105] 朱凌, 常甲辉, 徐旋. 从构建产学合作平台到实现产学协同创新——基于长三角"985"高校专利数据及典型案例的研究 [J]. 高等工程教育研究, 2012 (4): 59 - 66, 102.

[106] (US) N S B. Science and engineering indicators 2010 [J]. National Science Foundation, 2010, 37 (2): 90 - 90.

[107] ABBASI A, ALTMANN J, HOSSAIN L. Identifying the effects of co-authorship networks on the performance of scholars: A correlation and regression analysis of performance measures and social network analysis measures [J]. Journal of Informetrics, 2011, 5 (4): 594 - 607.

[108] ABRAMO G, D'ANGELO C A, COSTA F D, et al. University-industry collaboration in Italy: A bibliometric examination [J]. Technovation, 2009, 29 (6): 498 - 507.

[109] ACQUAAH M. Managerial social capital, strategic orientation, and

organizational performance in an emerging economy [J]. Strategic Management Journal, 2007, 28 (12): 1235 – 1255.

[110] ADLER P S, SHENHAR A J. Adapting your technological base: The organizational challenge [J]. Solan Management Review, 1990, 32 (1): 25 – 37.

[111] AGUIARDíAZ I, DíAZDíAZ N L, BALLESTEROSRODRíGUEZ J L, et al. University-industry relations and research group production: Is there a bidirectional relationship? [J]. Industrial & Corporate Change, 2016, 25 (4): 611 – 632.

[112] AIKEN L S, WEST S G, RENO R R. Multiple regression: Testing and interpreting interactions [M]. Sage, 1991.

[113] ANSOFF H I. Corporate strategy: An analytic approach to business policy for growth and expansion [M]. McGraw-Hill Companies, 1965.

[114] ARELLANO M, BOVER O. Another look at the instrumental variable estimation of error-components models [J]. Journal of econometrics, 1995, 68 (1): 29 – 51.

[115] ARELLANO M, BOND S. Some tests of specification for panel data: Monte Carlo evidence and an application to employment equations [J]. The Review of Economic Studies, 1991, 58 (2): 277 – 297.

[116] ARGYRIS C. Some problems in conceptualizing organizational climate: A case study of a bank [J]. Administrative Science Quarterly, 1958, 2 (4): 501 – 520.

[117] ARZA V. Channels, benefits and risks of public—private interactions for knowledge transfer: Conceptual framework inspired by Latin America [J]. Science & Public Policy, 2010, 37 (7): 473 – 484.

[118] AURANEN O, NIEMINEN M. University research funding and publication performance—An international comparison [J]. Research Policy, 2010, 39 (6): 822 – 834.

[119] BAKER L, SOVACOOL B K. The political economy of technological capabilities and global production networks in South Africa's wind and solar photovoltaic (PV) industries [J]. Political Geography, 2017 (60): 1 – 12.

[120] BAKER W E. Market networks and corporate behavior [J]. American Journal of Sociology, 1990, 96 (3): 589 – 625.

[121] BANAL-ESTAñOL A, MACHO-STADLER I, PéREZ CASTRILLO D. Endogeneous matching in university-industry collaboration: Theory and empirical evidence from the UK [J]. 2013.

[122] BANAL-ESTAñOL A, JOFRE-BONET M, LAWSON C. The double-edged sword of industry collaboration: Evidence from engineering academics in the UK [J]. Research Policy, 2015, 44 (6): 1160 – 1175.

[123] BARNES T, PASHBY I, GIBBONS A. Effective university-industry interaction: A multi-case evaluation of collaborative R&D projects [J]. European Management Journal, 2002, 20 (3): 272 – 285.

[124] BAZELEY P. Conceptualising research performance [J]. Studies in Higher Education, 2010, 35 (8): 889 – 903.

[125] BELL M, PAVITT K. Technological accumulation and industrial growth: Contrasts between developed and developing countries [J]. Technology, Globalisation and Economic Performance, 1999, 2 (1): 83 – 137.

[126] BERNARDIN H J, KANE J S, ROSS S, et al. Performance appraisal design, development, and implementation [J]. Handbook of Human Resource Management, 1995.

[127] BLOEDON R V, STOKES D R. Making university/industry collaborative research succeed [J]. Research-Technology Management, 1994, 37 (2): 44 – 48.

[128] BLUMENTHAL D, CAUSINO N, CAMPBELL E G. Academic-industry research relationships in genetics: A field apart [J]. Nature Genetics, 1997, 16 (1): 104 – 108.

[129] BLUMENTHAL D, CAMPBELL E G, CAUSINO N, et al. Participation of life-science faculty in research relationships with industry [J]. New England Journal of Medicine, 1996, 335 (23): 1734 – 1739.

[130] BOGLER R. The impact of past experience on people's preference: The case of university researchers' dependency on funding sources [J]. Higher Ed-

ucation, 1994, 28 (2): 169 - 187.

[131] BORDONS M, APARICIO J, GONZáLEZ-ALBO B, et al. The relationship between the research performance of scientists and their position in co-authorship networks in three fields [J]. Journal of Informetrics, 2015, 9 (1): 135 - 144.

[132] BORNMANN L, DANIEL H D. Selection of research fellowship recipients by committee peer review. Reliability, fairness and predictive validity of Board of Trustees' decisions [J]. Scientometrics, 2005, 63 (2): 297 - 320.

[133] BOUGNOL M L, DUL'A J H. DEA as a ranking tool: An application of DEA to assess performance in higher education [J]. Annals of Operations Research, 2006, 145 (1): 339 - 365.

[134] BOURDIEU P. The forms of capital [M]. New York: Greenwood, 1985.

[135] BOUTY I. Interpersonal and interaction influences on informal resource exchanges between R&D researchers across organizational boundaries [J]. Academy of Management Journal, 2000, 43 (43): 50 - 65.

[136] BOZEMAN B, LEE S. The Impact of Research Collaboration on Scientific Productivity [J]. Social Studies of Science, 2005, 35 (5): 673 - 702.

[137] BOZEMAN B, GAUGHAN M. Impacts of grants and contracts on academic researchers' interactions with industry [J]. Research Policy, 2007, 36 (5): 694 - 707.

[138] BROOKS H, RANDAZZESE L P. University-industry relations: The next four years and beyond [J]. Investing in Innovation, 1998: 361 - 399.

[139] BRYK A S, RAUDENBUSH S W. Hierarchical linear models: Applications and data analysis methods [M]. Newbury Park: Sage Publications, 1992.

[140] BSTIELER L, HEMMERT M, BARCZAK G. The changing bases of mutual trust formation in inter-organizational relationships: A dyadic study of university-industry research collaborations [J]. Journal of Business Research, 2017 (74): 47 - 54.

[141] BURBRIDGE M, MORRISON G M. A systematic literature review of

partnership development at the university-industry-government nexus [J]. Sustainability, 2021, 13 (24): 13780.

[142] BURT R S. Structural holes: The social structure of competition [M]. Harvard University Press, 1992.

[143] CALDERINIA M, FRANZONIA C, VEZZULLIB A. If star scientists do not patent: The effect of productivity, basicness and impact on the decision to patent in the academic world [J]. Research Policy, 2007, 36 (3): 303 – 319.

[144] CALOGHIROU Y, TSAKANIKAS A, VONORTAS N S. University-industry cooperation in the context of the European framework programmes [J]. The Journal of Technology Transfer, 2001, 26 (1): 153 – 161.

[145] CAMERON A C, TRIVEDI P K. Regression analysis of count data [M]. Cambridge University Press, 1998.

[146] CAMPBELL J P, MCCLOY R A, OPPLER S H, et al. A theory of performance [J]. Personnel Selection in Organizations, 1993 (3570): 35 – 70.

[147] CHANDLER JR A D. Strategy and structure: Chapters in the history of the American industrial enterprise [M]. MIT press, 1969.

[148] CHEN X, YANG J A, PARK H W. Chinese patterns of university-industry collaboration [J]. Journal of Oriental Neuropsychiatry, 2012, 1 (1): 116 – 132.

[149] CHENG H, ZHANG Z, HUANG Q, et al. The effect of university-industry collaboration policy on universities' knowledge innovation and achievements transformation: Based on innovation chain [J]. The Journal of Technology Transfer, 2020, 45 (2): 522 – 543.

[150] CHESBROUGH H W. Open innovation: The new imperative for creating and profiting from technology [M]. Harvard Business Press, 2003.

[151] CHEUNG K-Y, PING L. Spillover effects of FDI on innovation in China: Evidence from the provincial data [J]. China Economic Review, 2004, 15 (1): 25 – 44.

[152] CLAUSS T, MOUSSA A, KESTING T. Entrepreneurial university: A stakeholder-based conceptualisation of the current state and an agenda for future re-

search [J]. International Journal of Technology Management, 2018, 77 (1 – 3):
109 – 144.

[153] COCCIA M, FALAVIGNA G, MANELLO A. The impact of hybrid
public and market-oriented financing mechanisms on the scientific portfolio and per-
formances of public research labs: A scientometric analysis [J]. Scientometrics,
2015, 102 (1): 151 – 168.

[154] COHEN W M, NELSON R R, WALSH J P. Links and Impacts: The
influence of public research on industrial R&D [J]. Management Science, 2002,
48 (1): 1 – 23.

[155] COLEMAN J. Foundations of social theory [M]. Cambridge, MA:
Harvard University Press, 1990.

[156] COLEMAN J S. Social capital in the creation of human capital [J].
American Journal of Sociology, 1988, 94 (Suppl 1): 95 – 120.

[157] CRESPI G, D'ESTE P, FONTANA R, et al. The impact of academic
patenting on university research and its transfer [J]. Research Policy, 2011, 40
(1): 55 – 68.

[158] CYERT R M, GOODMAN P S. Creating effective University-industry
alliances: An organizational learning perspective [J]. Organizational Dynamics,
1997, 25 (4): 45 – 57.

[159] CZARNITZKI D, GRIMPE C, TOOLE A A. Delay and secrecy: Does
industry sponsorship jeopardize disclosure of academic research? [J]. Industrial and
Corporate change, 2015, 24 (1): 251 – 279.

[160] D'ESTE P, TANG P, MAHDI S, et al. The pursuit of academic ex-
cellence and business engagement: Is it irreconcilable? [J]. Scientometrics, 2013,
95 (2): 481 – 502.

[161] D'ESTE P, PATEL P. University-industry linkages in the UK: What
are the factors underlying the variety of interactions with industry? [J]. Research
Policy, 2007, 36 (9): 1295 – 1313.

[162] D'ESTE P, PERKMANN M. Why do academics engage with industry?
The entrepreneurial university and individual motivations [J]. The Journal of Tech-

nology Transfer, 2011, 36 (3): 316 – 339.

[163] DAVID C M, WALTER A H, ARVIDS A Z. The geographic reach of market and non-market channels of technology transfer: Comparing citations and licenses of university patents. NBER Working Paper [Z]. United States, North America, 2013.

[164] DEBACKERE K, VEUGELERS R. The role of academic technology transfer organizations in improving industry science links [J]. Research Policy, 2005, 34 (3): 321 – 342.

[165] DIETZ J S, BOZEMAN B. Academic careers, patents, and productivity: Industry experience as scientific and technical human capital [J]. Research Policy, 2005, 34 (3): 349 – 367.

[166] DUNDAR H, LEWIS D R. Determinants of research productivity in higher education [J]. Research in Higher Education, 1998, 39 (6): 607 – 631.

[167] DUTRéNIT G, ARZA V. Channels and benefits of interactions between public research organisations and industry: Comparing four Latin American countries [J]. Science and Public Policy, 2010, 37 (7): 541 – 553.

[168] EDGAR F, GEARE A. Factors influencing university research performance [J]. Studies in Higher Education, 2013, 38 (5): 774 – 792.

[169] ETZKOWITZ H. The norms of entrepreneurial science: Cognitive effects of the new university-industry linkages [J]. Research Policy, 1998, 27 (8): 823 – 833.

[170] ETZKOWITZ H, LEYDESDORFF L. The dynamics of innovation: From National Systems and "Mode 2" to a Triple Helix of university-industry-government relations [J]. Research policy, 2000, 29 (2): 109 – 123.

[171] ETZKOWITZ H, LEYDESDORFF L. The Triple Helix-University-industry-government relations: A laboratory for knowledge based economic development [J]. Easst Review, 1995, 14 (1): 14 – 19.

[172] ETZKOWITZ H. Innovation in innovation: The Triple Helix of University-Industry-Government relations [J]. Social Science Information, 2003, 42 (3): 293 – 337.

［173］FAN P, URS N, HAMLIN R E. Rising innovative city-regions in a transitional economy: A case study of ICT industry in Cluj-Napoca, Romania ［J］. Technology in Society, 2019, 58: 101 – 139.

［174］FIAZ M, YANG N. Exploring the barriers to R&D collaborations: A challenge for industry and faculty for sustainable U-I collaboration growth ［J］. International Journal of U- & E-Service, Science & Technology, 2012, 5 (6): 767 – 779.

［175］FORIDA R, COHEN W. Engine or infrastructure? The university role in economic development ［J］. National Academy of Sciences, 1999: 589 – 610.

［176］FORSYTH D R. The scientific study of groups: An editorial ［J］. Group Dynamics Theory Research & Practice, 1997, (1): 3 – 6.

［177］FRANCO M, HAASE H. University-industry cooperation: Researchers' motivations and interaction channels ［J］. Journal of Engineering & Technology Management, 2015, 36: 41 – 51.

［178］FREEMAN C. Japan: A new national system of innovation? ［J］. Technical Change and Economic Theory, 1988: 330 – 348.

［179］FREEMAN C. The 'National System of Innovation' in historical per-spective ［J］. Cambridge Journal of Economics, 1995, 19 (1): 5 – 24.

［180］GARCíA-ARACIL A, GRACIA A G, PéREZ-MARíN M. Analysis of the evaluation process of the research performance: An empirical case ［J］. Scien-tometrics, 2006, 67 (2): 213 – 230.

［181］GARCíA-MUIñA F E, NAVAS-LóPEZ J E. Explaining and measuring success in new business: The effect of technological capabilities on firm results ［J］. Technovation, 2007, 27 (1 – 2): 30 – 46.

［182］GOLDEN J, CARSTENSEN F V. Academic research productivity, de-partment size and organization: Further results, rejoinder ［J］. Economics of Edu-cation Review, 1989, 8 (4): 345 – 352.

［183］GOLDFARB B. The effect of government contracting on academic re-search: Does the source of funding affect scientific output? ［J］. Research Policy, 2008, 37 (1): 41 – 58.

[184] GONZALEZ-BRAMBILA C N. Social capital in academia [J]. Scientometrics, 2014, 101 (3): 1609 – 1625.

[185] GRANOVETTER M S. The strength of weak ties [J]. American Journal of Sociology, 1973, 78 (Volume 78, Number 6): 347 – 367.

[186] GUAN J, WANG G. A comparative study of research performance in nanotechnology for China's inventor-authors and their non-inventing peers [J]. Scientometrics, 2010, 84 (2): 331 – 343.

[187] GUERRERO M, HERRERA F, URBANO D. Does policy enhance collaborative-opportunistic behaviours? Looking into the intellectual capital dynamics of subsidized industry-university partnerships [J]. Journal of Intellectual Capital, 2021, 22 (6): 1055 – 1081.

[188] GULBRANDSEN M, SMEBY J-C. Industry funding and university professors' research performance [J]. Research Policy, 2005, 34 (6): 932 – 950.

[189] HAEUSSLER C, COLYVAS J A. Breaking the ivory tower: Academic entrepreneurship in the life sciences in UK and Germany [J]. Research Policy, 2011, 40 (1): 41 – 54.

[190] HANIFAN L J. The rural school community center [J]. Annals of the American Academy of Political & Social Science, 1916, 67 (1): 130 – 138.

[191] HARPHAM T, GRANT E, THOMAS E. Measuring social capital within health surveys: Key issues [J]. Health Policy and Planning, 2002, 17 (1): 106 – 111.

[192] HEDJAZI Y, BEHRAVAN J. Study of factors influencing research productivity of agriculture faculty members in Iran [J]. Higher Education, 2011, 62 (5): 635 – 647.

[193] HESLI V L, MOOK L J. Faculty research productivity: Why do some of our colleagues publish more than others? [J]. Political Science & Politics, 2011, 44 (2): 393 – 408.

[194] HICKS D, HAMILTON K. Does university-industry collaboration adversely affect university research? [J]. Issues in Science & Technology, 1999, 15 (4): 74 – 75.

［195］HIRSCH J E. An index to quantify an individual's scientific research output ［J］. Proceedings of the National Academy of Science, 2005, 102 （46）: 16569 - 16572.

［196］HOTTENROTT H, LAWSON C. Research grants, sources of ideas and the effects on academic research ［J］. Economics of Innovation and New Technology, 2014, 23 （2）: 109 - 133.

［197］HUANG M-H, CHEN D-Z. How can academic innovation performance in university-industry collaboration be improved? ［J］. Technological Forecasting and Social Change, 2017, 123: 210 - 215.

［198］INKPEN A C, TSANG E W K. Social capital, networks, and knowledge transfer ［J］. Academy of Management Review, 2005, 146 - 165 （1）: 20.

［199］ITAMI H, ROEHL T W. Mobilizing invisible assets ［M］. Harvard University Press, 1991.

［200］JAMES L R. Aggregation bias in estimates of perceptual agreement ［J］. Journal of Applied Psychology, 1982, 67 （2）: 219 - 229.

［201］JOHNSTON A, HUGGINS R. Drivers of university-industry links: The case of knowledge-intensive business service firms in rural locations ［J］. Regional Studies, 2015: 1 - 16.

［202］K L. Resolving social conflicts and field theory in social science ［M］. American Psychological Association, 1997.

［203］KOZLOWSKI, STEVE W J, HATTRUP, et al. A disagreement about within-group agreement: Disentangling issues of consistency versus consensus ［J］. Journal of Applied Psychology, 1992, 77 （77）: 161 - 167.

［204］LAM A. What motivates academic scientists to engage in research commercialization: 'Gold', 'ribbon' or 'puzzle'? ［J］. Mpra Paper, 2010, 40 （10）: 1354 - 1368.

［205］LAWSON C. Academic patenting: The importance of industry support ［J］. The Journal of Technology Transfer, 2013, 38 （4）: 509 - 535.

［206］LEE Y S. The sustainability of university-industry research collaboration: An empirical assessment ［J］. The Journal of Technology Transfer, 2000, 25

(2): 111 – 133.

[207] LEWIN K. Logico-Mathematics. (Book Reviews: Field Theory in Social Science) [J]. Scientific Monthly, 1951, 73: 65 – 66.

[208] LEWIN K, LIPPITT R, WHITE R K. Patterns of aggressive behavior in experimentally created "Social Climates" [J]. Journal of Social Psychology, 1939, 10 (2): 269 – 299.

[209] LI E Y, LIAO C H, YEN H R. Co-authorship networks and research impact: A social capital perspective [J]. Research Policy, 2013, 42 (9): 1515 – 1530.

[210] LIANG L, CHEN L, WU Y, et al. The role of Chinese universities in enterprise-university research collaboration [J]. Scientometrics, 2011, 90 (1): 253 – 269.

[211] LILLES A, RõIGAS K. How higher education institutions contribute to the growth in regions of Europe? [J]. Studies in Higher Education, 2017, 42 (1): 65 – 78.

[212] LIN N, ENSEL W M, VAUGHN J C. Social resources and strength of ties: Structural factors in occupational status attainment [J]. American Sociological Review, 1981, 46 (4): 393 – 405.

[213] LIN N. Building a network theory of social capital [J]. Connections, 1999, 22 (1): 28 – 51.

[214] LINK A N, SIEGEL D S, BOZEMAN B. An empirical analysis of the propensity of academics to engage in informal university technology transfer [J]. Rensselaer Working Papers in Economics, 2006, 16 (4): 641 – 655.

[215] LISSONI F. Academic inventors as brokers [J]. Research Policy, 2010, 39 (7): 843 – 857.

[216] LITWIN G H, STRINGER R A. Motivation and organizational climate [J]. American Journal of Sociology, 1968, 82 (4): 1220 – 1235.

[217] LOOY B V, CALLAERT J, DEBACKERE K. Publication and patent behavior of academic researchers: Conflicting, reinforcing or merely co-existing? [J]. Ssrn Electronic Journal, 2006, 35 (4): 596 – 608.